그대의 행운의 별이 무엇인지 알아야 한다. 누구에게나 그 별이 있다.
불행은 자신의 별을 알지 못하기에 찾아온다.

발타사르 그라시안

자유는 책임을 뜻한다.
이것이 대부분의 사람들이 자유를 두려워하는 이유이다.

조지 버나드 쇼

너는 원하기만 하면 언제든지 네 자신 속으로 은신할 수 있다.
인간에게 자신의 영혼보다 더 조용하고 한적한 은신처는 없다.

마르쿠스 아우렐리우스

우리는 책 사이에서만,
책을 읽어야만 비로소 사상으로 나아가는 그런 인간들이 아니다.
야외에서, 특히 길 자체가 사색을 열어주는 고독한 산이나 바닷가에서 생각하고,
걷고, 뛰어오르고, 산을 오르고, 춤추는 것이 우리의 습관이다.
프리드리히 니체

나는 어떻게
행복할 수 있는가

나는 어떻게
행복할 수 있는가

펴낸날 2023년 4월 20일 1판 1쇄

지은이_장재형
펴낸이_김영선
편집주간_이교숙
교정교열_정아영, 나지원, 이라야
경영지원_최은정
디자인_바이텍스트
마케팅_신용천

펴낸곳 (주)다빈치하우스-미디어숲
주소 경기도 고양시 일산서구 고양대로632번길 60, 207호
전화 (02) 323-7234
팩스 (02) 323-0253
홈페이지 www.mfbook.co.kr
이메일 dhhard@naver.com (원고투고)
출판등록번호 제 2-2767호

값 17,800원
ISBN 979-11-5874-189-1 (03100)

삶의 의미와 행복을 찾아가는 인생 수업

나는 어떻게
행복할 수 있는가

장재형 지음

LIFE CLASS TO FIND MEANING
AND HAPPINESS IN LIFE

미디어숲

영원히 살 것처럼 꿈꾸고,
내일 죽을 것처럼 오늘을 살아라

우리는 살아가면서 숱한 질문과 마주한다. 나 역시 롤러코스터 같은 인생을 살아오면서 다음과 같은 질문에 부딪혔다.

- 내 삶을 지탱하는 것들에는 무엇이 있는가?
- 사는 동안 무엇을 배워야 하는가?
- 어떻게 사랑해야 하는가?
- 무엇을 꿈꾸고 욕망해야 하는가?
- 어떻게 살아야 하는가?
- 왜 살아야 하는가?

• 죽음이란 어떤 의미인가?

• 어떻게 해야 행복할 수 있는가?

그 해답을 찾고자 고전 문학에 빠져들었다. 이 책은 삶의 여정에 따라 총 6장으로 구성되어 있다. 감수성, 사랑, 욕망, 삶과 죽음 그리고 깨달음이라는 큰 틀 안에서 고전 문학에 인문학적 해석을 덧붙였다. 이 책은 어떻게 하면 고전 문학에서 우리 삶의 모습을 찾아낼 수 있을지를 궁리한 사색의 결과물이다. 28편의 고전 문학 속 주인공들이 걸어간 길을 따라 여행하는 것과 같다.

작가가 작품 속에서 설정한 세상이라는 무대에 선 그들의 삶은 한 편의 연극과 같다. 우리는 그 무대 위에서 다양한 역할을 맡은 주인공들을 관객의 시선으로 바라본다. 그들은 인생에서 다음과 같은 문제를 마주했고, 이 문제를 어떻게 바라보았으며, 해결했는지 그 발자취를 따라가 본다.

• 싱클레어는 어떻게 내면의 정원을 만들고 가꾸었는가?

- 오즈의 마법사 주인공들은 어떻게 자신이 원하는 것들을 얻을 수 있었
  는가?
- 사르트르에게 책은 무엇인가?
- 찰스 스트릭랜드는 예술을 통해 궁극적으로 무엇을 얻었는가?
- 마리오는 메타포를 통해 삶에서 어떤 것들을 배웠는가?
- 베르테르가 흘렸던 눈물의 의미는 무엇일까?
- 어린 왕자에게 장미꽃이 그토록 소중한 이유는 무엇인가?
- 제롬이 알리사가 죽은 후에도 오랜 시간 그녀를 잊지 못한 이유는 무
  엇일까?
- 폴은 로제를 정말 사랑했을까?
- 개츠비의 삶이 진짜 위대한 이유는 무엇일까?
- 산티아고는 어떻게 자신의 꿈을 이루기 위해 간절함을 유지할 수 있었
  을까?
- 앙드레 지드는 왜 자신의 이야기를 읽고 난 후 이 책을 던져버리라고
  했는가?
- 조르바는 왜 중요한 것은 오늘, 이 순간에 일어나는 일이라고 말했는가?
- 파우스트는 왜 자신의 영혼을 걸고 새로운 삶을 꿈꾸었는가?

- 노인은 누구를 위해 또는 무엇을 위해 청새치와 며칠간의 사투를 벌였는가?

- 생텍쥐페리는 하늘을 비행하면서 대지 위에서 무엇을 발견했는가?

- 로캉탱은 어떻게 구토 현상을 극복했는가?

- 미하일을 하나님이 이 세상에 보낸 이유는 무엇인가?

- 그레고르 잠자는 한 마리의 벌레로 변신한 후 얼마나 고독했는가?

- 빅터 프랭클에게 시련은 어떤 의미였는가?

- 안네가 절망의 구렁텅이에서 버틸 수 있었던 가장 큰 이유는 무엇인가?

- 존시에게 희망이란 무엇일까?

- 이반 일리치는 자신의 죽음을 어떻게 받아들였는가?

- 싯다르타가 궁극적으로 추구한 삶의 지혜는 무엇인가?

- 에스트라공과 블라디미르에게 기다림이란 어떤 것인가?

- 잔느는 자신의 운을 어떻게 바라보았는가?

- 골드문트에게 친구는 어떤 존재였는가?

- 화자話者는 맹인과 함께 대성당을 그리면서 무엇을 보았는가?

이제 작품 속 주인공들을 대신해서 위의 28가지 질문에 대한 답

11

을 구해 보자. 그러다 보면 한 발 떨어져서 자신의 삶을 객관적으로
바라보는 기회가 될 것이다.

인간은 누구나 행복한 삶을 꿈꾸지만, 대부분은 자기다운 멋진 삶
을 살아가지 못한다. 지금까지 어떤 삶을 살아왔든 우리는 영원히
살 것처럼 꿈꾸고 내일 죽을 것처럼 지금 이 순간을 충실히 살아야
한다. 특히 이 책에는 고전 문학 속에서 28가지의 삶을 받쳐주는 것
들에 대해 이야기하고 있는데, 이러한 것들은 나의 안과 밖에 항상
존재하고 있다. 또한 이러한 나를 지탱해주는 것들은 긍정적인 모습
으로, 때로는 부정적인 모습으로도 다가온다. 수많은 시련과 절망으
로부터 무너지지 않고 다시 일어설 때, 우리의 삶은 여기가 끝이 아
니라 계속 진행된다.

이 책에서 소개하는 고전 문학에 대한 해석은 어디까지나 지극히
사적이다. 고전 문학을 어떻게 접근할 것인가? 저자가 이 작품에서
말하려는 것은 무엇인가? 또는 이 작품에서 무엇을 배울 것인가? 그
에 대한 정답은 없다. 고전 문학은 읽는 사람마다 다양한 해석이 가

능하기에, 어떻게 보느냐는 오로지 독자의 몫이다. 그런 맥락에서 고전 문학보다 더 훌륭한 인문학적 사유를 할 수 있는 대상은 없다.

　나는 각 작품에서 함께 읽으면 좋을 것 같은 여러 인문 교양 도서도 함께 소개했다. 여력이 있다면 추천하는 참고 문헌을 꼭 찾아서 읽어 보길 바란다. 만약 그렇게만 할 수 있다면 여러분의 인문학적 통찰력은 상당한 수준에 이를 것이라 믿는다. 끝으로 인문학에 첫발을 내딛는 모든 이들에게 이 책이 유용한 지식과 지혜 그리고 깨달음을 전해 줄 수 있기를 바란다.

장재형

차례 ————————————————————————————

6장 행복해지고 싶을 땐

◆

우리 내면에 잠자고 있는 강한 리더십의 도로시, 용기 많은 사자,
지혜로운 허수아비, 따뜻한 마음의 소유자 양철 나무꾼을 깨워 보자.
오즈의 마법사는 더 나은 삶을 위한 이 모든 것들,
리더십, 지혜, 용기, 사랑 등이 이미 나의 내면에 있음을 깨닫게 한다.

1장

·⁙⁙·

나 자신에게
이르는 길

LITERATURE THAT
COMFORTS
MY LIFE

자아

---◆---

나만의 정원을 만들고
가꾸어라

헤르만 헤세 『데미안』

    한 사람 한 사람의 삶은 자기 자신에게로 이르는 길이다. 길의 추구, 오솔 길의 암시다. 일찍이 그 어떤 사람도 완전히 자기 자신이 되어본 적은 없었다. 그럼에도 누구나 자기 자신이 되려고 노력한다. 어떤 사람은 모호하게 어떤 사람은 보다 투명하게, 누구나 그 나름대로 힘껏 노력한다.

    헤르만 헤세는 그의 대표작 『데미안』 서문에서 우리의 삶은 '자기 자신에게로 이르는 길'이라고 말한다. 모든 인간의 삶은 그 자체가 자신을 찾아가는 길이고, 그 길을 가려는 시도이며, 각자 최선을 다해 자신의 본모습을 찾으려는 노력 그 자체라는 것이다.

    즉, 『데미안』은 인간이 자신의 삶 속에서 온전한 모습을 찾아가는 과정을 그리고 있다. 그렇다면 자기의 온전한 모습, 다시 말해 본모습을 찾아간다는 것은 어떤 의미일까?

우리는 돈, 건강, 가족, 사랑, 자유 그리고 삶 자체마저도 잃어버릴 수 있다. 하지만 살면서 가장 힘겨운 상황에 부딪힐 때, 자신의 내면으로 뛰어들어야 강력한 내면의 힘을 발휘할 수 있다. 내 곁에서 내 삶을 안정적으로 받쳐주던 것들이 흔들릴 때, 비로소 우리는 더욱 성장한다.

한 해가 지나 다시 봄이 오고 여름이 돌아오면, 갖가지 화려한 꽃과 식물들이 피어나는 나만의 정원을 가꾸어 보자. 그곳에서 슬픔의 위안을 받을 수 있고, 힘든 내 영혼이 쉴 수 있는 은신처가 될 것이다. 그들은 내 안에 함께 살고 있으며, 그들은 나를 지탱해 주는 믿을 만한 존재이다.

거짓된 자기 자신을 극복하라

누구나 한 번쯤 들어봤을 법한 '신은 죽었다'라는 말은 철학자 니체의 유명한 아포리즘이다. 하지만 영원성을 상징하는 신이 죽었다는 말은 오늘날 우리에게 그렇게 충격적이지만은 않다. 영적 가치보다는 물질적 가치를 중요시하는 시대에 가장 중요한 것은 이미 '신'이 아니라 '물질'이기 때문이다.

사실 목표도 없이 방황하던 시절에는 막연히 돈 좀 벌고 성공 좀

하면 삶이 나아질 줄 알았다. 하지만 어느 정도 남부럽지 않은 성공을 이뤘고 돈도 벌었지만, 누군가 왜 사냐고 묻는다면 딱히 대답하기 힘들다. 또한 젊은 시절 내게 주어진 행운과 성공의 기회를 놓쳐버린 후 끊임없이 추락의 길을 걷기도 했다. 돈으로 다 되는 물질만능주의 속에서 우리의 삶은 왠지 공허하다.

빠르고 정신없이 돌아가는 삶 속에서 자신의 삶과 야망, 그리고 영혼조차도 송두리째 타들어 가, 남은 것은 타다 남은 슬픔과 고뇌의 재뿐이다. 가끔은 자신의 꿈을 잃어버려서, 꿈 자체가 없어서 삶이 허무하다고 느낀다. 그래서 무언가 이루려고 꿈을 계속 따라가다 보면 어느 순간 허무주의의 늪에 빠져 버린 자기 자신을 발견한다. 이 시대의 허무주의를 예견했던 니체는 그의 저서 『차라투스트라는 이렇게 말했다』에서 다음과 같이 말하며 허무주의를 극복하는 방법을 제시한다.

"나 너희에게 위버멘쉬^{Übermensch}를 가르치노라. 사람은 극복되어야 할 그 무엇이다. 너희는 사람을 극복하기 위해 무엇을 했는가? (……) 위버멘쉬가 대지의 뜻이다. 너희 의지로 하여금 말하도록 하라. 위버멘쉬가 대지의 뜻이 되어야 한다고!"

니체는 신이 죽었다고 말하면서 '위버멘쉬', 즉, 초인^{超人}이 되어야 한다고 말한다. 니체가 말한 초인은 신이 죽은 세상에서도 당당하게 살아가는 인간상이다. 니체는 극복하려는 의지에 따라 인간을 초인과 '인간말종' 두 부류로 나눈다.

즉, 초인은 '힘에의 의지'를 바탕으로 자기 극복을 위해 기존의 모든 관습과 굴레를 벗어나 자유로운 정신을 가지게 된 존재이다. 반면에 인간말종은 대지 위에 있는 벼룩과 같아서 자신을 극복하려는 의지가 없는 경멸스러운 존재인 최후의 인간을 말한다. 따라서 그는 차라투스트라의 입을 빌려 "진정한 의미의 자기 자신이 되려면 거짓된 자기 자신을 극복해야 한다."고 말한다.

우리는 자신의 약점이나 자신이 겪은 고통과 시련까지도 자기발전의 계기로 승화시킬 줄 아는 초인이 되도록 노력해야 한다는 것이다.

그렇다면 초인이 되는 것이 바로 헤세가 말한 '자기 자신에게로 이르는 길'이 아닐까? 우리는 자신의 온전한 모습에 이르는 길을 초인을 닮아가는 과정 안에서 찾을 수 있는 것이 아닐까? 또한 데미안은 니체가 말한 자기 자신을 극복한 본연의 모습을 한 자기^{self}를 의미하는 '초인'이 아닐까?

내면의 성장을 위한 여정

『데미안』은 주인공 에밀 싱클레어가 열 살 때부터 스무 살 정도가 될 때까지 대략 10여 년간 겪었던 내적인 변화와 성장을 다룬 자전적 소설이다.

싱클레어는 작은 도시에서 라틴어 학교에 다닌다. 그는 이 세상이 밝은 세계와 어두운 세계로 나뉘어 있다고 생각한다. 밝은 세계에는 의무와 책임, 양심의 가책과 고해, 용서와 선한 원칙들, 사랑과 존경, 성경 말씀과 지혜가 있다. 반면에 어두운 세계에는 도살장과 감옥, 술 취한 사람들과 악을 쓰는 여자들, 새끼 낳는 암소와 쓰러진 말들, 강도의 침입, 살인, 자살 같은 일들이 있다.

싱클레어는 공립학교 학생들과 가까운 관계를 맺고 있었는데, 어느 날 프란츠 크로머와도 어울리게 된다. 싱클레어는 그들에게 자랑삼아 자신이 과수원에서 사과를 훔쳤다는 거짓말을 하고 맹세까지 한다. 크로머는 과수원 주인에게 이 사실을 알리겠다며 돈을 가져오라고 한다. 싱클레어는 자신의 저금통을 깨 그에게 가져다준다. 이제 싱클레어는 새 삶에 대한 두려움으로 죽음과 같은 쓴맛을 느낀다.

그러던 어느 날 싱클레어는 전학생 막스 데미안의 도움으로 크로머의 괴롭힘에서 벗어나게 된다. 하지만 데미안은 크로머와는 또 다른 의미에서 악하고 나쁜 세계로 이끄는 또 하나의 유혹자가 된다. 왜냐하면 그는 싱클레어에게 우리가 진실이고 옳다고 배우는 대부분에 대해서 다르게 해석할 수 있다고 말하기 때문이다.

예를 들면, 구약 성경에 나오는 카인 이야기에서 아벨보다 아벨을 죽인 카인이 용기와 나름의 개성이 있는 인물이라고 말한다. 또한 골고다 언덕에서 예수와 함께 십자가에 매달렸던 두 도둑 중에서

회개하지 않은 도둑이 더 개성이 있고 신뢰할 수 있다고 말한다. 그러곤 우리는 신에 대한 예배와 더불어 악마 예배도 만들어야 한다고 가르친다.

싱클레어는 악당 크로머와 데미안을 통해 처음으로 밝은 세계에서 떨어져 나가 바깥 어둠의 세계에 발을 들인다. 이제 싱클레어는 어린애처럼 살 수 없다는 사실을 깨닫고 밝은 세계와 어두운 세계와의 사이에서 삶의 모든 문제를 고민하기 시작한다. 즉, 싱클레어는 내면의 성장을 위한 여정에 첫발을 내디딘 것이다.

니체는 『차라투스트라는 이렇게 말했다』에서 '정신의 세 가지 변화'에 대해서 말한다. 그는 낙타, 사자, 아이의 비유를 들어 자기 자신을 찾아 변화하는 과정을 보여준다. 이 과정에서 우리는 자신을 극복한 초인이 될 수 있다는 것이다.

먼저 극복해야 할 첫 번째 변화의 과정은 '낙타'의 단계이다.
무거운 짐을 버티는 삶의 태도가 바로 낙타 정신이다. 낙타가 무릎을 꿇고 짐이 가득 실리기를 기다리듯이 우리를 억누르는 무거운 짐을 지고 있다. 그 무거운 짐은 전통적인 종교와 철학이 요구하는 진리, 도덕, 관습과 규율 등을 말한다.

즉, 아무런 생각 없이 시키는 대로 짐만 지거나, 그것이 무엇인지 의문을 갖지 않는 낙타는 자신의 삶을 변화시킬 수 없는 인간말종에 대한 메타포인 것이다.

두 번째 변화의 과정은 자유를 쟁취하여 그 자신이 사막의 주인이 되고자 하는 '사자'의 단계이다.

하지만 니체는 "사자의 정신은 기존의 가치를 파괴할 뿐, 새로운 가치를 창조하지 못한다."라고 말한다. 즉, 기존의 가치를 부정함으로써 더욱 허무주의에 빠진다는 것이다.

마지막 변화의 과정은 '아이'의 단계이다.

여기서 아이의 정신이란 어린아이가 춤을 추듯, 놀이에 흠뻑 빠지듯, 자신의 삶을 기쁘게 살아가는 것을 말한다. 즉, 아이의 정신은 우리의 삶이 고난과 고통으로 가득하지만, 아이처럼 삶을 긍정적으로 바라보며 창조적으로 사는 것을 말한다.

이러한 정신의 세 가지 변화의 과정이 바로 본래 자신의 모습에 이르는 길이다.

나를 둘러싼 세계를 깨트리고 새로운 세계로 나아가다

이제 싱클레어는 니체가 말한 낙타, 사자, 아이의 변신 과정을 통해 마치 새가 알에서 깨어나듯이 내면이 성장하는 과정을 밟아야만 한다. 싱클레어는 어두운 세계에 빠져 방탕한 삶을 살기도 하고, 아름다운 소녀 베아트리체를 알게 된 후 다시 고귀한 삶을 살기도 한다. 또한 오르간 연주자 피스토리우스라는 삶의 인도자를 만나기도 한다.

새는 알에서 나오려고 투쟁한다. 알은 세계이다. 태어나려는 자는 하나의 세계를 깨뜨려야 한다. 새는 신에게로 날아간다. 신의 이름은 압락사스.

어느 날 싱클레어는 커다란 알에서 나오려고 애쓰는 새를 그려서 데미안에게 보냈다. 데미안은 답장으로 싱클레어에게 위와 같은 내용이 적힌 쪽지를 보냈다. 여기서 새는 싱클레어를 의미하고 자신의 운명을 찾아내기 위해 자신을 둘러싼 세계라는 껍질을 깨뜨려야 한다. 하늘을 나는 새처럼 자신을 속박하는 기존의 모든 것을 부수고 새로운 세계로 나아가야만 한다. 하지만 알에서 깨어 진정한 자신의 길, 꿈으로 가는 길이 평탄하지만은 않다. 자기실현을 이루는 과정에서 가장 중요한 것은 외부 세계가 아니라 자신의 내부인 자기 자신을 인식하는 데 있다. 다시 말해 삶의 의미를 해석할 수 있는 것은 오로지 자기 자신뿐이다.

지친 내 영혼이 쉴 수 있는 곳, 그곳에서 편안하게, 내 마음대로 그리고 아름답게 살 수만 있다면 얼마나 좋을까? 허무한 우리의 인생은 기쁜 일보다는 여러 가지 힘든 일, 슬픈 일들로 가득 차 있다. 그래도 가끔 간절히 원했던 꿈이 실현되어 잠시 행복감에 젖기도 한다. 비록 인생의 우여곡절 속에서 이룬 그 행복이 결코, 오래가지 않을지라도 상관없다. 왜냐하면 그 행복은 작은 기쁨이 되어 아름답고 은은한 향기를 지금도 품어 내기 때문이다.

싱클레어에게 데미안의 어머니인 에바 부인은 지친 영혼이 쉴 수 있는 꿈속에서도 그토록 그리워하던 여성이었다. 에바 부인을 만났을 때 싱클레어는 걷잡을 수 없는 눈물을 흘렸다. 슬픔과 고뇌로 가득해 죽고 싶었던 지난 10여 년간의 자신의 삶을 돌아보면서 울음을 참지 못했던 것이다.

에바 부인은 싱클레어에게 '새가 알에서 나오려고 애쓰는 만큼 그 길은 무척 어렵지만, 아름답고 더 쉬운 길도 있다'고 말한다. 즉, 자신의 꿈을 찾아내면 그 길은 쉬워진다는 것이다. 또한 운명이 우리 자신을 사랑하고 있기 때문에 우리는 언젠가 완전한 존재가 될 수 있다고 말한다. 따라서 운명이 나를 사랑하게 만들기 위해서는, 먼저 나 자신이 내 운명을 사랑해야 한다. 니체가 스스로 자신의 험난한 운명을 사랑했듯이, 우리도 아무리 삶이 힘들지라도 '아모르 파티^{amor fati}(운명애)' 자신의 운명을 사랑할 때, 운명도 우리 자신을 사랑하게 될 것이다.

전쟁이 터지고 싱클레어와 데미안은 각자 전장으로 떠난다. 전장에서 다친 싱클레어는 후송된 병원에서 데미안을 만난다. 데미안은 싱클레어에게 이제 자기를 불러도 예전처럼 달려오지 못한다며, 그럴 때는 자신의 내면의 목소리에 귀를 기울이라고 말한다. 그러면 데미안이 그 안에 있다는 것을 깨닫게 될 것이라고.

다음 날 아침 싱클레어가 잠에서 깨어나 보니 데미안은 이미 사라지고 없었다. 결국 데미안은 싱클레어와 이별했지만 이제 그는 자신의 내면 속으로 내려가는 열쇠를 찾은 것이다. 이따금 그 열쇠로 내면의 문을 열고 완전히 자신 속으로 들어가, 어두운 거울 속으로 몸을 숙이기만 하면 자신을 볼 수 있었다.

이제 싱클레어는 친구이자 인도자인 데미안과 완전히 닮아 있었다. 그리하여 싱클레어는 밝은 세계와 어두운 세계를 모두 이해하고 온전한 자신의 모습인 초인이 되는 길목에 첫발을 내딛게 된 것이다.

"너의 인생을 결정하는, 네 안에 있는 것은 그걸 벌써 알고 있어. 이걸 알아야 할 것 같아. 우리 속에는 모든 것을 알고, 모든 것을 하고자 하고, 모든 것을 우리 자신보다 더 잘 해내는 어떤 사람이 있다는 것을 말이야."

데미안이 싱클레어에게 이같이 말한 것처럼 우리는 내 안에 또 다른 나 자신을 찾기 위해, 죽는 날까지 성장을 멈춰서는 안 된다. 니체는 우리에게 "네가 지금까지 살아왔던 생을 다시 한번, 나아가 수없이 몇 번이고 반복하기를 원하느냐?"라는 질문을 던졌다. 이 질문에 대한 각자의 답변에 따라 온전한 자기 자신을 실현하느냐 못하느냐가 달려 있다.

니체가 말하는 영원회귀 사상이란 현재의 삶이 다시 한번, 아니 영원히 무한 반복된다 해도 지금처럼 살 것인가를 묻는 것이다. 당신이 이러한 질문을 받는다면 어떠한 대답을 할 것인가?

여행

•

행복은 인생 곡선을
위로 향하게 한다

라이언 프랭크 바움 『오즈의 마법사』

삶의 목적이 행복이라면, 여행은 팍팍한 일상에서 벗어나 행복해 지는 가장 좋은 방법이다. 알랭 드 보통은 『여행의 기술』에서 우리가 여행하는 이유에 대해서 '에우다이모니아^{eudaimonia}', 즉, '인간적 번영'을 얻는 데 도움이 된다고 강조한다.

여행할 장소에 대한 조언은 어디에나 널려 있지만, 우리가 가야 하는 이유와 가는 방법에 관한 이야기는 듣기 힘들다. 그러나 실제로 여행의 기술은 그렇게 간단하지도 않고 또 그렇게 사소하지도 않은 수많은 문제와 자연스럽게 연결된다. 또 여행을 연구하게 되면 그리스 철학자들이 에우다이모니아라는 아름다운 이름으로 불렀던 것, 즉, '인간적 번영'을 이해하는 데에도 대단치는 않지만 도움을 얻을 수 있을지도 모른다.

'에우다이모니아'는 그리스어로, 오늘날 '행복'으로 더 많이 번역된다. 이 단어는 특히 아리스토텔레스가 『니코마코스 윤리학』에서 말하고자 하는 중심 개념이다. 그는 무엇보다도 행복이야말로 우리 인생의 최고선이자 궁극의 목적이라고 말한다.

여기서 중요한 점은 명예, 쾌락, 지성과 달리 행복은 언제나 그 자체로 선택되어야 하며, 결코 다른 것 때문에 선택해서는 안 된다는 것이다. 그래서 우리는 그의 행복론을 '목적론적 행복론'이라고 부른다.

그렇다면 어떻게 해야 행복해지는가? 행복은 어디에서 오는 걸까? 행복은 행운의 여신이 때가 되면 주거나 우연히 주어지는 것일까? 아니면 행복을 얻는 방법이 있어서 그것을 배우거나 훈련을 통해 얻어지는 것일까?

살다 보면 크고 작은 일들이 일어나기 마련이다. 그 일들이 만약 좋은 일이라면 우리의 삶이 더욱 풍요롭고 풍성해질 테지만, 좋지 않은 일이라면 고통과 고뇌를 안겨주고 불행의 늪으로 빠뜨릴 것이다. 우리네 인생길은 마치 미로와 같지만, 불행하게도 누구 하나 그 출구를 찾는 일을 도와줄 수 없다. 그리스 신화의 영웅 테세우스가 미궁迷宮 라비린토스labyrinthos에서 탈출할 때 사용했던 아리아드네의 실타래를 우리는 스스로 찾아야만 한다.

삶은 아름다운 여행이다

어릴 적 만화영화로 봤던 고전 동화 라이먼 프랭크 바움^{Lyman Frank Baum}의 『오즈의 마법사』는 어느 날, 캔자스에 살던 소녀 도로시가 강아지 토토와 함께 갑작스러운 회오리바람을 타고 신비한 오즈의 나라로 날아가면서 시작된다.

도로시네 판잣집이 토네이도에 휩쓸리다 의도치 않게 동쪽의 사악한 마녀를 죽이게 되고 도로시는 이 사건으로 우연히 마법 구두인 '은 구두'를 선물로 받게 된다. 그녀는 고향 캔자스로 돌아가는 법을 알아내기 위해 허수아비, 양철 나무꾼, 겁쟁이 사자를 만나 다 함께 오즈의 마법사를 찾아 노란 벽돌 길을 따라 모험을 시작한다.

"걸어가면 돼. 아주 긴 여행이 될 거야. 이 나라를 지나가다 보면 때로는 즐겁겠지만 어떤 때는 무섭고 끔찍한 일도 생길 거야. 하지만 내가 아는 모든 마법을 동원해서 너를 지켜 줄 수 있도록 노력할게." (……) "에메랄드 시로 가는 길은 노란 벽돌 길로 되어 있단다."

우리 삶은 『오즈의 마법사』 주인공들이 오즈의 나라, 에메랄드 시로 가는 노란 벽돌 길을 따라 걸어가는 것과 같다. 등장인물들은 노란 벽돌 길을 따라 걸으며 자신이 원하는 것을 얻기 위해 삶이 주는 도전을 기꺼이 받아들인다.

도로시는 고향 캔자스로 가는 방법을, 뇌가 없는 허수아비는 지혜를, 차가운 양철 나무꾼은 따뜻한 심장을, 겁이 많은 사자는 용기를 얻고자 한다. 물론 그들은 소원을 들어줄 오즈의 마법사를 만나기 위해 사악한 서쪽 마녀와 싸우는 등 온갖 고난을 겪는다.

"난 오즈의 마법사에게 가서 뇌를 달라고 할 거야. 내 머리는 지푸라기로 채워져 있거든."

허수아비가 말했다.

"난 오즈의 마법사에게 심장을 달라고 할 거야."

양철 나무꾼이 말했다.

"난 오즈의 마법사에게 토토와 나를 캔자스로 돌려보내 달라고 할 거야."

도로시도 말했다.

"오즈의 마법사가 내게 용기를 줄 수 있을까?"

겁쟁이 사자가 말했다.

우리의 삶은 한 편의 아름다운 여정이다. 진정한 여정이란 오즈의 마법사의 등장인물들처럼 길을 걸으며 각자가 지닌 세상살이 문제의 해답을 찾아가는 과정이다.

인간은 아름다움을 즐길 수 있는 능력을 타고났다. 아무리 삶이 곤경에 처하고 위험의 한가운데 있을지라도 우리에게서 즐거워할 수 있는 능력은 빼앗아 갈 수는 없다. 힘들 때일수록 여행을 떠나라. 바다나 산, 폭포, 노을, 나무, 시냇물, 강, 호숫가 등 자연으로 나가면 그 아름다움으로 인해 혼란스러웠던 도시의 삶을 잠시나마 잊을 수 있다.

알랭 드 보통은 도시의 '떠들썩한 세상' 한가운데서 마음이 헛헛하거나 수심에 잠길 때면 자연을 여행할 때 만났던 풍경들, 이를테면 냇가의 나무나 호숫가에 펼쳐진 수선화꽃들에 의지하라고 말한다. 그러면 '노여움과 천박한 욕망'으로 인해 생겨난 마음의 고통이 무뎌질 수 있다는 것이다.

여행하면서 걷다 보면 깊은 사색에 잠기곤 한다. 잊었던 과거의 기억이 떠올라 자신의 내면으로 여행하게 한다. 과거에 느꼈던 기쁨, 슬픔, 사랑, 만남, 이별, 향수와 같은 모든 추억의 끈이 다시 이어지는 경험을 한다. 아련한 과거와 현재 나와의 만남은 '지금 내가 걷고 있는 길이 올바른지', '정말로 내가 원해서 걷는 길인지'를 생각하게 한다.

다비드 르 브르통David Le Breton은 그의 산문집 『걷기 예찬』에서 이렇게 말했다.

걷는 동안 여행자는 자신에 대하여, 자신과 자연과의 관계에 대하여, 혹은 자신과 타인들의 관계에 대하여 질문하게 되고 뜻하지 않은 수많은 질문에 대하여 깊이 생각해 보게 된다.

　물론 이렇게 되살아난 지나간 청춘의 삶이 현재의 나를 더욱 고통스럽게 할 수도 있다. 하지만 그렇게 파란만장하고 소용돌이쳤던 사건들 속에서 꿋꿋이 버텨낸 자신의 삶을 반추하며 자기 본연의 모습을 발견하기도 하는 것이다.

　여행은 불안감에 시달리는 나를 치료해 준다. 절망에 빠진 나의 삶에 활력소가 된다. 권태로운 삶에 빠진 나에게 자극을 준다. 행복 그 자체이며, 인생 곡선을 서서히 위로 향하게 한다.

　여행 중에 만났던 수많은 풍경이 마음속에 살아 있고, 나중에 추억 속에서 그 풍경을 기억해 낼 때 우리는 영혼의 힘을 얻는다. 여행 중에 아름다운 장소를 만나면 그곳을 간직하고 싶어서 사진을 찍거나 그림으로 남기고 싶다는 강한 충동을 느낀다.

　알랭 드 보통은 프로방스에서 반 고흐의 그림 「사이프러스」나 「올리브 숲」을 본 뒤에 그 너머에 프로방스의 풍경을 새롭게 인식할 수 있었다고 한다. 즉, 위대한 화가의 눈을 통해서 어떤 풍경을 보고 나면 그 풍경이 더 매력적으로 다가올 수 있다는 것이다.

행복한 삶을 위한 해답
　우리도 노란 벽돌길을 따라 무작정 걷다 보면 오즈의 마법사를 만날 수 있다. 오즈의 마법사가 허수아비의 머리에서 지푸라기를 빼내고 핀과 바늘을 선물한 것처럼, 양철 나무꾼에게 예쁜 하트 모양 심장을 선물한 것처럼, 겁쟁이 사자에게 아름답게 조각된 녹색 금에 든 액체를 주었던 것처럼 우리에게도 선물을 줄 것이다.

사실 오즈의 마법사가 그들에게 먹게 한 약은 효과 없는 가짜 약이었다. 환자의 긍정적인 믿음으로 인해 병세가 호전되는 현상을 말하는 '플라시보 효과placebo effect'와 같은 것이었다. 즉, 도로시가 고향 캔자스로 돌아갈 방법으로 '은 구두'를 이미 갖고 있었듯이, 그들도 고난을 통해 그들의 내면에 지혜와 따뜻한 마음, 그리고 용기를 이미 지니고 있었다는 사실을 깨닫게 한 것에 불과했다.

"맞아. 나도 좋은 친구들을 만나서 기뻐. 그리고 모두 가장 원하는 것을 얻었고 모두 한 나라의 왕이 되어 행복해졌으니 나는 이제 캔자스로 돌아가고 싶어."

도로시가 말했다.

"은 구두는 놀라운 힘을 가지고 있지."

착한 마녀가 말했다.

"그중에 가장 놀라운 힘은 단 세 발자국만 걸으면 원하는 곳 어디라도 데려다주는 것이란다. 한 번 발을 디딜 때 눈 깜빡할 시간밖에 안 걸려. 너는 단지 뒤꿈치를 동시에 세 번 부딪히고 신발에게 네가 원하는 곳으로 데려다 달라고 명령하면 돼."

사람들은 앞마당에 나가 행운의 네 잎 클로버를 찾기 위해 수많은 행복의 세 잎 클로버를 지나친다. 또한 무언가 혹은 누군가에게서 행복을 발견할 수 있다고 생각하면서 너도나도 그 행복을 찾아 나서느라 인생을 허비한다. 하지만 오즈의 마법사는 우리에게 다음과 같은 처방을 내린다.

"행복은 바로 '자기 자신에게 달려 있다는 것'을, '우리가 생각하는 태도에 달려 있다는 것'을 깨달으십시오. 그게 바로 행복한 삶을 살기 위한 해답입니다."

우리 내면에 잠자고 있는 강한 리더십의 도로시, 용기 많은 사자, 지혜로운 허수아비, 따뜻한 마음의 소유자 양철 나무꾼을 깨워 보자. 오즈의 마법사는 더 나은 삶을 위한 이 모든 것들, 리더십, 지혜, 용기, 사랑 등이 이미 나의 내면에 있음을 깨닫게 한다.

이 모든 것을 받아들일 수 있는 내면의 노란 벽돌 길을 따라 한 걸음씩 내디뎌 보자.

독서

그 사람의 인생을
드러내는 것

장 폴 사르트르 『말』

프랑스의 유명한 미식가 브리야 사바랭^{Brillat-savarin}은 무엇을 먹는지가 그 사람을 규정한다고 했다. 만약 책을 음식에 비유한다면, 이 말은 책을 읽는 우리의 삶에도 적용된다. 다시 말해 누군가가 어떤 사람인지 알고 싶다면 그가 읽고 있는 책을 살펴보면 된다. 독서는 그 사람의 인생을 드러내기 때문이다.

독서는 '우리가 어떠한 존재인지, 살아가는 이유가 무엇인지'를 깨닫게 한다. 삶의 진리와 의미를 발견하게 해 줄 책들을 위해 책장에서 구태여 읽을 필요가 없는 무의미한 책들은 정리해서 버리고, 빈자리를 마련해 두자. 좋은 책 속에 나오는 수많은 아포리즘과 이야기들을 읽다 보면, 고통스럽고 고독한 우리의 삶에 작은 위안이 되어 다가옴을 느낄 수 있다.

통계청이 조사한 자료에 따르면, 2019년 우리나라 13세 이상 인구의 평균 독서 권수가 1년에 7.3권에 불과하다. 2년 전인 2017년은 1인당 9.5권으로 점차 줄어드는 추세다. 왜 매년 독서 인구가 줄어드는 것일까? '책의 수호자'라고 불리는 세계 최고 수준의 독서가이자 장서가인 알베르토 망구엘^{Alberto Manguel}은 『독서의 역사』에서 '독서가들이 멸종 위기에 처했다는 우려의 목소리가 심심찮게 들리는 가운데 오늘날의 우리 독서가들은 독서란 어떤 것인지를 배워야한다'고 말한다.

어릴 때부터 책을 사랑한 사르트르

프랑스 실존주의 문학의 거장인 장 폴 사르트르^{Jean Paul Sartre}의 대표작 『말』은 한 살 때 아버지를 여읜 사르트르가 외할아버지의 집에서 어머니와 함께 보낸 유년 시절을 기록한 그의 자서전이다. 1부 '읽기', 2부 '쓰기'로 구성되어 있는데, 사르트르가 대문호가 될 수밖에 없었던 어린 시절 환경을 엿볼 수 있다.

그는 할아버지의 서재를 마음대로 출입할 수 있게 되면서 인류의 지혜와 씨름하기 시작했으며, 그것이 나의 오늘날을 만들어 놓았다고 말한다. 그가 어릴 적 할아버지의 서재에서 느꼈던 심정을 살펴보면 그가 얼마나 독서와 글쓰기를 사랑했는지 알 수 있다.

나는 책에 둘러싸여서 인생의 첫걸음을 내디뎠으며, 죽을 때도 필경 그렇게 죽게 되리라. 할아버지의 서재는 도처에 책이었다. 그는 일 년에 한 번, 즉, 10월에 신학년이 시작되기 직전이 아니면 서재의 먼지도 못 털게 했다. (……) 나는 이 책들이 우리 집의 번영을 좌우하는 것이라고 느꼈다. 그것은 모두 비슷한 모양이었다.

나는 작달막한 고대의 유물들에 둘러싸인 이 작은 신전 속에서 뛰놀았다. 내가 태어나는 것을 보았고 또 나의 죽음을 지켜볼 유물들, 과거와 똑같이 평온한 미래를 내게 보장해 줄 영원한 유물들. 나는 그것들을 몰래 만져보았다. 먼지가 손에 묻는 것이 자랑스러웠기 때문이다.

나도 어릴 적부터 지금까지 책에 파묻혀 살고 있다. 책은 나만의 은둔의 장소이자 보금자리였다. 책은 어린 시절 내내 고독했던 나의 삶에 어떤 의미를 부여하는 마치 태양과 같은 존재였다. 책 한 권 한 권은 나름대로 하나의 세계였고 우주였다.

처음 읽은 책 한 권이 나에게 어떤 의미로 다가왔는지, 어떤 존재로 와닿았는지를 생각해 보면, 책 구석구석에서 마치 살아 있는 것처럼 생명력과 운동력을 느낄 수 있었다. 철학자가 생각의 씨앗을 뿌리듯, 작가는 독자에게 감정의 씨앗을 뿌려서 마음을 움직이기 때문이다. 사르트르도 어릴 적 책에 대한 애정이 남달랐음을 짐작할 수 있다.

나는 당장에 그 책을 내 것으로 만들고 싶었다. 두 권으로 된 작은 책을 손에 들어 냄새를 맡고 쓰다듬어 보고, 종잇장을 바스락거리면서 마음에 드는 페이지부터 읽어 나갔다.

우리가 책을 읽어야 하는 세 가지 이유

우리는 왜 책을 읽어야 할까? 내게 맞는 책은 어떻게 골라야 할까? 어릴 때부터 책과 함께 성장한 사람이라면 모를까, 대부분은 이런 질문에 확실한 답변을 하지 못한다. 왜냐하면 어떤 의무감이나 호기심으로 책을 한 번 읽은 것만으로는 결코 독서가 주는 진정한 기쁨과 깊은 만족을 맛볼 기회가 없기 때문이다.

첫째, 좋은 책은 우리의 영혼을 살찌게 한다.

만 권의 책을 읽었어도 자신의 삶에 적용하지 못한다면 아무 소용이 없다. 좋은 책은 작가의 정신이 담겨 있다. 그래서 사르트르도 작가들은 죽은 것이 아니라, 책으로 변신해서 그들의 영혼이 작품에 늘 붙어 다닌다고 말한다. 닥치는 대로 마구잡이로 책을 읽다가는 깨달음을 위한 독서는 불가능하다. '양서'를 읽어야 한다. 좋은 책을 선택할 수 있는 독서력을 소유하는 것이 무엇보다 중요하다.

헤세는 『헤르만 헤세의 독서의 기술』에서 "인생은 짧고, 저세상에 갔을 때 책을 몇 권이나 읽고 왔느냐고 묻지도 않을 텐데 무가치한 독서로 시간을 허비한다면 정말 미련하고 안타깝다."라고 말했다.

즉, 독서에서 중요한 것은 '얼마나 많은 양의 책을 읽었느냐가 아니라, 얼마나 좋은 책을 읽었느냐'이다.

둘째, 고전은 혼란스럽고 답답한 정신을 위한 청량제이다.

이탈로 칼비노[Italo Calvino]는 『왜 고전을 읽는가』에서 '고전이란 특별한 영향을 미치는 책'이라고 정의한다.

어린 시절부터 고전을 읽는다면 삶을 살아가면서 앞으로 경험하게 될 세상을 미리 볼 수 있다. 고전은 '우리가 어떤 존재인지, 어디서 왔고 어디로 가야 하는지'를 보여주는 삶의 거울이자 나침반이다. 사르트르도 '내가 세계를 만난 것은 책을 통해서'라며 책의 가치를 일깨웠다. 고전을 읽어야 하는 가장 중요한 이유는 수많은 세월과 수많은 사람에게 인정을 받아 검증된 책이기 때문이다. 헤세는 '수백 년 세월을 버티면서 사라지지 않고 살아남은 것이라면, 그에 대한 평가는 아마 우리 평생 큰 변동이 없을 것'이라고 말한다.

셋째, 책은 그 사람의 인생을 드러낸다.

모든 일상이 순식간에 공유되는 정보혁명 초연결 시대에 전자책, 오디오북 등으로 디지털화되어 가면서 종이책의 설 자리 또한 점점 좁아지고 있다. 베스트셀러 소설가이자 가장 영향력 있는 사상가 중한 사람인 움베르토 에코[Umberto Eco]는 『책의 우주』에서 전통적인 형태의 책이 정말로 사라질 것인지를 이야기한다. 그는 종이책에 가까운 질감마저 구현한 전자책으로 인해 언젠가 우리는 톨스토이의 작품을 종이책으로 더는 읽지 못하게 되리라고 한다. 하지만 아무리 전자책이 많은 양의 책을 저장할 수 있고, 가지고 다니기 편리하다고 할지라도 톨스토이의 『전쟁과 평화』 같은 대작을 전자책으로 읽는 것이 과연 적절한가 하는 의문이 든다고 말한다. 나 또한 전자책보다는 종이책을 더 선호한다.

일본의 대표적인 지성으로 손꼽히는 다치바나 다카시立花隆는 지하 2층부터 옥상까지 대략 10만여 권에 달하는 장서들로 가득 들어차 있는 '고양이 빌딩' 서재를 소유한 독서광이자 애서가다. 그는 저서 『다치바나 다카시의 서재』에서 '서가를 보면 자신이 무엇으로 이루어져 있는지 보인다'고 말한다. 그는 책을 잘 처분하지 않아, 고등학교부터 대학 시절에 산 책을 지금도 보유하고 있다.

그는 서가에 꽂힌 책등을 보기만 해도 그 당시 무엇을 생각했고, 무엇을 고뇌했으며 또 무엇에 기뻐했는지 책과 함께 추억이 되살아난다고 말한다. 여기저기 얼룩이 진 책일수록 버리기 힘든 이유는 그 책을 되풀이해서 읽고, 밑줄을 긋거나 메모를 했던 추억이 고스란히 함께 담겨 있기 때문이라는 것이다.

손때 묻고 여러 색깔의 포스트잇이 붙은 밑줄 친 책들로 서재를 가득 채워 보자. 나만의 향기가 가득 담긴 서재는 내가 살아온 특별한 삶의 역사가 될 것이다.

예술

마흔에 그는
왜 모든 것을 버렸을까

서머싯 몸 『달과 6펜스』

　서머싯 몸^{William Somerset Maugham}의 『달과 6펜스』는 화가 폴 고갱의 생애를 모티브로 한 이야기로, 예술가의 삶을 동경한 주인공 찰스 스트릭랜드가 화가가 된 후의 일대기를 그린 작품이다. 이 소설의 제목은 주제를 암시한다. '달'은 스트릭랜드의 예술에 대한 열정을 비유하고, '6펜스'는 현실 세계나 돈과 물질의 세계를 비유한다. 즉, 이 작품은 달의 세계에 매혹되어 6펜스의 세계를 탈출하는 화가의 이야기다.

　사람들 대부분이 틀에 박힌 생활의 궤도에 편안하게 정착하는 시기인 마흔 살의 나이에 찰스 스트릭랜드는 17년이나 같이 산 아내와

두 아이까지 버리고 가출해 버린다. 그가 어떤 여자와 눈이 맞아 파리로 달아나버렸다는 소문까지 돌았다.

스트릭랜드 부인은 화자(話者)인 '나'에게 이혼은 절대로 안 한다면서 파리로 가서 남편을 좀 만나봐 달라고 부탁한다. '나'는 파리로 가서 스트릭랜드를 찾아 도대체 무엇 때문에 부인을 버리고 떠났느냐고 묻자 스트릭랜드는 '그림을 그리고 싶어서'라고 한다. '나'는 스트릭랜드에게 훌륭한 화가가 되기에는 가능성이 희박하고, 잘해야 삼류 화가나 될 텐데 그걸 위해서 모든 것을 포기할 만한 가치가 있느냐고 다시 묻는다. 그러자 스트릭랜드는 이렇게 말했다.

"나는 그림을 그려야 한다지 않소. 그리지 않고서는 못 배기겠단 말이오. 물에 빠진 사람에게 헤엄을 잘 치고 못 치는 것이 뭐가 문제겠소? 우선 헤어나오는 게 중요하지. 그렇지 않으면 빠져 죽어요."

달과 6펜스 중 나는 무엇을 선택할까?

스트릭랜드의 대답에는 화가가 되겠다는 진실한 열정이 담겨 있었다. 그는 가슴속에서 들끓는 어떤 격렬하고 압도적인 힘, 마치 악마에게 사로잡힌 것 같은 느낌이 들었다.

이런 일이 있고 나서 5년쯤 지나서, 화자는 런던에 사는 것이 따분해져 한동안 파리에 가서 살기로 했다. 그곳에서 로마에서 알게 된 더크 스트로브라는 친구를 만났다. 스트로브는 화가였지만 솜씨는 형편없었다. 하지만 미술 감각만은 아주 섬세해서 재능 있는 작품 알아보는 정확한 안목을 갖추고 있었다. 스트로브는 스트릭랜드의 천재성을 누구보다 빨리 알아차렸다. '예술이 왜 우리에게 필요한지, 예술 작품을 이해하기 위해서 무엇이 필요한지'를 이렇게 말했다.

"당신 생각은 왜 그래? 이 세상에서 가장 소중한 아름다움이 해변가 조약돌처럼 그냥 버려져 있다고 생각해? 무심한 행인이 아무 생각 없이 주워 갈 수 있도록? 아름다움이란 예술가가 온갖 영혼의 고통을 겪어가면서 이 세상의 혼돈에서 만들어내는, 경이롭고 신비한 것이야.

그리고 또 그 아름다움을 만들어 냈다고 해서 아무나 그것을 알아보는 것도 아냐. 그것을 알아보자면 예술가가 겪은 과정을 똑같이 겪어 보아야 해요. 예술가가 들려주는 건 하나의 멜로디인데, 그것을 우리 가슴속에서 다시 들을 수 있으려면 지식과 감수성과 상상력을 가지고 있어야 해."

앎이 없는 인간은 어둠의 세계에 사는 것과 같다는 말이 있듯이, 통찰의 힘과 안목이 없다면 아무것도 이루지 못한다. 예술 작품에는 그 화가의 경험과 지혜가 대단히 정교하게 축적되어 있으며, 화가만의 언어로 독특하게 표현되어 있다. 예술은 말이나 글처럼 쉽게 표현되어 있지 않기 때문에 화가가 작품을 통해 전달하려는 것을 제대로 알기 위해서는 먼저 그 화가의 삶, 미술에 관한 예비지식 그리고 감수성 등을 갖추어야 한다.

그렇다면 이 중에서 우리가 예술 작품을 대할 때 가장 중요하게 생각하는 것은 무엇일까? 알랭 드 보통은 『알랭 드 보통의 영혼의 미술관』에서 '예술적 경험의 가장 이상적 특징 중 하나는 가끔 눈물을 흘리게 할 정도로 마음을 움직이는 예술의 힘'이라고 말한다. 아름답고 우아한 예술 작품을 보고 감동하며 때론 눈물을 흘린다면, 메말랐던 감수성을 말랑말랑하게 만드는 예술의 힘을 느끼는 순간이라고 할 수 있다. 『달과 6펜스』에서도 '화가든 시인이든 음악가든, 예술가는 숭엄하고 아름다운 자신의 장식물로써 우리의 심미감을 만족시켜 준다'고 말한다.

예술은 우리가 열린 눈으로 세상을 바라볼 수 있게 한다. 예술은 우리가 어떤 빛깔을 띠어야 할지 자신만의 예민한 감각을 찾게 한다. 또한 예술은 삶이 가슴 절절히 아프고 힘든 것임을 알고 감동과 울음을 선사하여 마음을 정화시켜 준다. 그런 순간이 슬프고 괴롭다고 하여 예술 작품과의 대면을 피할 게 아니라, 그럴수록 바라보고 설레며 그 아름다움에 격렬히 반응해야 한다. 그런 특별한 순간을 우리 마음속에 우아한 꽃으로 피어나게 해야 한다.

『달과 6펜스』에서 화자는 예술에서 가장 흥미로운 부분이 바로 '예술가의 개성'이라고 한다. 찰스 스트릭랜드는 천재였고 그의 그림이 위대한 이유는 가장 대수롭지 않은 것조차 기이하고, 복잡하

48

고, 고뇌에 가득 찬 개성을 보여 주었기 때문이라고 말한다. 스트릭랜드는 남은 생을 예술가로서 고통스럽게 작품을 완성하며 온 힘을 다해 자신의 존재를 표현했다. 비록 외로움과 괴로움에 지쳐갔지만, 마지막 기회일 수 있는 자신의 삶을 묵묵히 걸어간 스트릭랜드의 위대함은 진짜였다고 강조한다.

스트릭랜드가 현실 세계를 외면하고 달의 세계로 옮겨 간 이유는 오로지 예술적 아름다움을 창조하려는 욕망 때문이었다. 한시도 마음이 평안하지 않은 상황과 가족을 버린 부도덕하다는 비난 속에서도 진리 대신 미美를 추구했던 것이다.

아름다움은 우리 주변에 있다

스트릭랜드가 추구한 예술적 아름다움을 한마디로 말하기는 어렵다. 그의 그림이 뭔가 우리가 알아야 할 중요한 것을 말하고 있지만, 그게 뭔지는 알 수 없다. 스트릭랜드의 그림들은 추하게 보이면서도 어떤 중대한 의미를 곧바로 드러내지 않고 은근한 암시만 하고 있어서 말로 표현하기 힘들다. 그가 그린 그림들의 아름다움과 위대한 독창성이야말로 진정한 예술적 아름다움이 아닐까? 니체는 『인간적인 너무나 인간적인』에서 아름다움을 느린 화살에 비유하고 있다.

가장 고귀한 아름다움은 갑자기 매혹시키는 그런 아름다움이나, 폭풍처럼 도취시키는 아름다움이 아니라(그와 같은 것은 역겨움을 일으키기 쉽다), 인간이 거의 의식하지 못한 채 계속 지니고 있는 아름다움이며, 꿈속에서 한 번 만난 듯 우리 마음속에 겸손히 자리 잡은 후 결국 우리를 점령하여 우리의 눈을 눈물로, 우리의 마음을 동경으로 채우면서 천천히 스며드는 아름다움이다.

우리는 주위에 늘 있는 아름다움을 알아차리지 못한다. 멀리서 아름다움을 찾고 있기 때문이다. 또한 가려져 있는 진정한 아름다움을 보지 못하고, 일시적이고 덧없는 것들을 추구한다.

예술 작품은 우리가 원하는 아름다운 모든 것들이 우리 주위에 있다는 것을 말해 준다. 물론 이 세상의 모든 아름다움이 우리에게 행복을 가져다주지는 않는다. 다만 예술 작품은 은밀하게 자기 자신의 내면으로 들어가는 길을 보여 줄 뿐이다.

그래서 삶을 늘 감사하며 예술가의 자세로 살아갈 때 예술 작품 속에서 자기 자신을 느낄 수 있게 되는 것이다. 예를 들면, 카스파르 다비드 프리드리히의 〈안개 바다 위의 방랑자〉라는 작품을 보면서 바위 위에 올라서서 안개 낀 바다를 바라보는 한 인간의 뒷모습에서 니체가 말한 '초인'이 된 듯한 느낌에 빠져 볼 수 있다. 에드바르트 뭉크의 〈절규〉라는 작품을 보면서 양손을 얼굴에 대고 절망적인 상태를 패러디해 볼 수도 있다. 반 고흐의 〈별이 빛나는 밤〉이라는 작품을 보면서 반 고흐처럼 별이 반짝이는 밤하늘을 바라보며 꿈을 꿀 수도 있다.

예술은 상상의 세계를 의미하는 달의 세계와 현실의 세계인 6펜스의 세계가 마법처럼 하나가 되는 곳이다. 예술은 세상의 아름다움이 내 안에 천천히 스며들게 한다. 예술은 내 안에 잠자는 잠재력을 일깨운다. 예술은 내 청춘 시절의 뜨거운 열정을 다시 꿈꾸게 한다. 예술은 봄꽃이 피듯이 나의 감수성을 감미롭게 피어나게 한다.

스트릭랜드는 오랜 방황 끝에 남태평양의 타히티섬에 정착해 원주민 '아타'라는 여자를 아내로 맞이하고 예술에 몰두했다. 기이하고 환상적인 에덴동산 같은 그림을 자신의 집 벽 사방에 그렸다. 비록 그는 나병에 걸려 죽지만 자기가 바라던 것을 이루었고, 자기 삶을 드디어 완성해낸다. 그리고 예술에 사로잡혔던 영혼은 수많은 예술가가 그랬던 것처럼 드디어 휴식을 찾았다.

바로 이것이 예술의 힘이다. 어떠한 목적도 성과도 없는 순수한 열정의 몰입. 그저 아름다움을 추구하는 것만으로도 극도의 행복감을 느끼는 것이 예술을 추구하는 사람들의 공통점이다. 인간은 태초부터 미美와 추醜의 구분을 알았고 미를 좇는 것은 본능에 가까웠다. 스트릭랜드 역시 운명을 거스를지언정 내면에서 솟구치는 미적 본능에 충실한 삶을 살았을 뿐이다.

스트릭랜드는 마지막 힘으로 그림에 자신의 존재를 표현했던 것 같다. 그것이 마지막 기회임을 깨닫고 묵묵히 자신이 삶에 대해 알고 있던 모든 것, 자신이 깨달은 모든 것을 그림에 표현했음이 틀림없다. 또한 그는 마침내 거기에서 평온을 발견했을 것이다. 그러니까 자신을 사로잡은 악마를 마침내 몰아내고, 평생을 고통스럽게 준비해 왔던 작품을 완성함으로써 외로움과 괴로움에 지쳐 있던 그의 영혼은 휴식을 찾았다. 목적을 이루고 기꺼이 죽음을 맞이하였으리라.

감수성

삶의 길을 걸으면 누구나 시인이 된다

안토니오 스카르메타 『네루다의 우편배달부』

현대 라틴아메리카에서 가장 주목받는 작가인 안토니오 스카르메타 Antonio Skármeta의 대표작인 『네루다의 우편배달부』는 영화 〈일 포스티노〉의 원작이다. 세계적인 시인 파블로 네루다와 젊은 청년 우편배달부 마리오의 따뜻한 우정을 그린 작품이다.

칠레의 산티아고에서 120킬로미터가량 떨어진 작은 해안 마을 이슬라 네그라에 정치적 탄압을 피해 세계적 시인 파블로 네루다가 이사 와 살고 있었다. 그곳에 살고 있던 가난한 청년인 마리오 히메네스는 고기잡이에 정을 못 붙이자 다른 일자리를 구하라는 아버지의 책망을 듣는다. 어느 날 우체국 창에 붙어 있는 구인 광고를 보고 취직한 마리오는 시인 파블로 네루다에게 우편물을 전달하는 것이 유일한 업무가 된다. 그렇게 해서 우체부 마리오와 시인 네루다의 만남이 시작된다.

메타포를 알면 세상이 달리 보인다

마리오는 첫 월급으로 네루다의 시집 『일상 송가』를 샀다. 그는 시인이 기분 좋을 때 우편물과 같이 시집을 들이밀어 그에게 사인을 받아낼 작정이었다. 그 사인본 시집으로 산티아고에서 알게 될 미지의 절세미인들에게 폼을 잡기 위해서다. 그런데 매일매일 네루다의 시집을 들고 다니다가 그만 전부 읽어버리고 시의 세계에 빠져들고 말았다. 그래서 두 번째 월급봉투를 받았을 때 『신新 일상 송가』마저 샀다. 어느 날, 마리오는 네루다와 친분을 쌓고 싶어서 이런저런 말을 건넸다. 하지만 네루다가 평상시와 마찬가지로 무심하게 문을 닫자, 마리오는 슬픔에 잠겨 돌부처처럼 되어 버렸다.

"무슨 일 있나?"

"네?"

"전봇대처럼 서 있잖아."

마리오는 고개를 돌려 시인의 눈을 찾아 올려다보았다.

"창처럼 꽂혀 있다고요?"

"아니, 체스의 탑처럼 고즈넉해."

"도자기 고양이보다 더 고요해요?"

네루다는 문손잡이를 놓고 턱을 어루만졌다.

"마리오, 내게는 『일상 송가』보다 훨씬 더 괜찮은 책들이 있네. 그리고 온갖 메타포로 나를 시험에 들게 하는 건 부당한 일이야."

"뭐라고요?"

"메타포라고!"

"그게 뭐죠?"

시인은 마리오의 어깨에 한 손을 얹었다.

"대충 설명하자면 한 사물을 다른 사물과 비교하면서 말하는 방법이지."

"예를 하나만 들어주세요."

네루다는 시계를 바라보며 한숨지었다.

"좋아. 하늘이 울고 있다고 말하면 무슨 뜻일까?"

"참 쉽군요. 비가 온다는 거잖아요."

"옳거니, 그게 메타포야."

네루다의 시에 빠져 있던 마리오는 자신도 모르는 사이에 시인처럼 메타포를 구사했다. 메타포, 즉, 은유에 대해서 고대 그리스 최고의 철학자 아리스토텔레스는 『시학』에서 '한 사실에서 다른 사실로, 즉, 유에서 종으로, 종에서 유로, 종에서 종으로, 또는 유추에 의해 한 낱말을 옮겨서 쓰는 것'이라고 말한다. 또 『아리스토텔레스

수사학』에서는 세련되고 호평받는 연설을 하고 싶다면 시인들이 쓰는 은유를 사용해야 한다고 강조한다. 즉, 어떤 것이 마치 우리 '눈앞에서 펼쳐지는 것'처럼 생생하게 묘사하는 데 은유가 효과적이기 때문이다.

은유란 "A는 B이다."처럼 원관념과 수식어인 보조 관념, 이렇게 두 부분으로 나뉜다. 은유를 맛볼 수 있는 김동명 시인의 「내 마음은」의 첫 연을 살펴보자.

내 마음은 호수요.

그대 노 저어 오오.

나는 그대의 흰 그림자를 안고 옥같이

그대의 뱃전에 부서지리다.

이 시는 내 마음을 '호수'에 비유하여 사랑하는 마음을 형상화한 것이다. 시인은 내 마음을 잔잔하고 평화로운 호수와 같다고 표현하고 있다. 만약 그대가 내게 다가온다면 옥처럼 하얗게 그대의 뱃전에 부서진다고 표현하여 그대를 향한 열정적인 사랑을 표현하고 있는 것이다. 누군가는 메타포를 그저 언어적 유희라고만 표현한다. 쉽게 말해 말장난이라는 것이다. 세상은 이미 은유로 가득한 곳이다. 딱 떨어지는 정답만을 이야기하는 수학의 세계가 아닌 곳이 우리네 삶이다. 그러기에 시에서 이야기하는 은유적 표현은 세상을 거꾸로도 보고 뒤집어서 보라고 부추긴다. 그러면 어쩌면 세상은 그럭저럭 살만한 곳일지 모른다. 마리오 역시 메타포를 알게 되면서 서서히 인생의 묘미를 느낀다.

마리오는 시인이 준 팁으로 포도주 한 잔을 마시려고 주점에 들렀다가 아름다운 소녀 베아트리스를 보고 첫눈에 반한다. 마리오는 네루다에게 자신이 사랑에 빠졌다고 고백하면서 그 소녀를 위한 시를 써 달라고 졸랐다. 결국 네루다가 써준 시를 외워 베아트리스에게 선사한다. 그녀는 자신의 어머니에게 마리오가 한 메타포를 들려준다.

"그가 말하기를……, 그가 말하기를 제 미소가 얼굴에 나비처럼 번진대요."

"그러고는?"

"그 말을 듣고 웃음이 났어요."

"그랬더니?"

"제 웃음이 한 떨기 장미고, 영글어 터진 창이고, 부서지는 물이래요. 홀연히 일어나는 은빛 파도라고도 그랬고요."

마리오는 이렇게 매일 아침 네루다와 대화를 통해 시의 본질, 즉,

메타포가 무엇인지, 운율이 무엇인지의 의미를 배웠다. 그리고 세상에 대한 이해를 넓혀갔다. 사랑하는 사람에게 말 한마디 건네지 못했던 마리오가 네루다에게 메타포를 배운 후, 베아트리스의 사랑을 얻어 마침내 결혼까지 했다.

마음이 힘들 때 위로받는 법

그 후 네루다는 주프랑스 대사가 되어 파리로 떠나고, 마리오는 장모의 주점에서 주방일을 맡고 있었다. 그러던 어느 날 네루다로부터 편지와 마이크가 달린 녹음기가 담긴 소포를 받았다. 네루다는 이슬라 네그라의 소리가 그립다며 마을을 거닐면서 마주치는 모든 소리를 녹음해서 보내 달라고 부탁한다. 마리오는 바람 소리, 종루의 큰 종이 울리는 소리, 파도 소리, 갈매기 울음소리, 갓 태어난 마리오의 아기 울음소리까지 몇 달간 공을 들여 녹음한 내용을 네루다에게 보냈다.

그즈음 칠레의 정치적 상황이 급변해 군부 쿠데타가 일어나고 좌파 정치인이었던 네루다는 위기에 처하며, 병을 얻어 다시 마을로 돌아온다. 군인들은 네루다 집 근처를 감시했다. 마리오는 네루다에게 온 편지와 전보를 전달하기 위해 한 시간 동안 읽고 외웠다. 죽음을 앞둔 네루다에게 마리오는 아무런 메타포를 떠올리지 못했고, 그 대신 네루다에게 온 전보와 편지를 암송해 들려주었다.

며칠 뒤 마리오는 주점의 텔레비전을 통해 네루다의 죽음을 알게 되고, 다음 날 새벽 낯선 남자들이 마리오를 연행해 가는 장면을 마지막으로 이 소설은 막을 내린다.

"이봐, 편안히 죽을 수 있게 절묘한 메타포나 하나 읊어보게."

"아무 메타포도 생각나지 않아요, 선생님. 하지만 제 얘기를 잘 들으세요."

"듣고 있어."

"오늘 선생님께 스무 통도 넘는 전보가 왔어요. 가져오려 했지만 집이 포위되어 있어서 돌아갈 수밖에 없었죠. 제가 한 짓을 용서해 주셔야 해요. 다른 방법이 없었어요."

"무슨 일을 했는데?"

"전보를 다 읽고 외웠어요. 구두로 전해 드리려고요."

"어디서 온 건가?"

"여기저기서요. 스웨덴에서 온 것부터 이야기해 드릴까요?"

"그러게."

반복되는 일상에 파묻혀 무엇을 먹든, 무엇을 보든, 누구를 만나든 아무런 떨림도 감동도 없다면 감수성이 메말랐다는 증거다. 또한 삶에서 일어나는 여러 혼란스러운 사건들, 고통스러운 잡념과 불안한 감정이 나를 슬프게 한다면 희망이 없다는 증거다. 나를 낙담시키는 이러한 부정적이고 무기력한 감정을 극복하기 위해서 우리는 어떻게 해야 할까?

마음이 힘들 때 위로받을 수 있는 좋은 방법으로 아름다운 시의 구절을 읽고, 즐거운 음악을 들으며, 향기로운 커피 한 잔을 마신 후 숲속을 산책해 보자. 삶이 그 어느 때보다도 사랑스러워 보이는 마법이 일어날 것이다.

삶의 보석을 발견하는 창조적인 삶을 살려면 일상과 자연을 아름다운 눈으로 바라봐야 한다. 네루다가 마리오에게 메타포를 통해 사랑과 삶의 언어를 가르쳐주었듯이, 삶을 살아가면서 누구나 온 세상의 아름다움을 노래하는 시인이 될 수 있다. 왜냐하면 세상이 다 무엇인가의 메타포이기 때문이다.

2장

∿⁀∿

우리는
사랑으로 산다

LITERATURE THAT
COMFORTS
MY LIFE

사랑

사랑하는 만큼
사랑받지 못한다면

요한 볼프강 폰 괴테 『젊은 베르테르의 슬픔』

요한 볼프강 폰 괴테Johann Wolfgang von Goethe의 『젊은 베르테르의 슬픔』은 사랑에 빠진 주인공 베르테르가 로테와의 사랑을 이룰 수 없자 스스로 죽음에 이르는 소설이다.

평탄하지 않은 사랑은 마음에 깊은 상처를 남기기도 한다. 고단한 삶이 이마에 주름을 만들 듯, 사랑하는 사람과 함께할 수 없다는 생각은 마음속에 깊은 사랑의 주름살을 만든다.

조용히 자연에 묻혀 살고 싶었던 베르테르라는 청년이 무도회에서 로테의 검은 눈동자를 본 후 운명적인 사랑을 예감한다. 이 우연한 사랑이라는 사건이 베르테르를 사로잡았고, 운명의 여신이 음모라도 꾸민 듯 잔인하게 베르테르를 죽음에 이르게 한다.

베르테르는 왜 로테에게 약혼자 알베르트가 있다는 것을 알면서도 사랑이라는 감정을 마음 깊은 곳에 묻어 둔 것일까? 베르테르가 사랑한 사람은 과연 누구일까? 혹시 로테를 알기 전부터 미지의 여인에 대한 사랑이 그녀에게 옮겨 간 것은 아니었을까?

아니다, 나는 결코 스스로를 기만하고 있는 것은 아니다. 나는 로테의 그 검은 눈동자 속에서, 나 자신과 나의 운명에 대한, 감출 수 없는 공감을 엿볼 수 있다. 그렇다, 나는 느끼고 있다. 그리고 그 점에서만은 나의 마음을 믿어도 좋다. 즉, 그녀는—아아, 천국을 이런 말로 표현해도 좋을까?—나를 사랑하는 것이다.

사랑에 빠진다는 것은 무엇일까? 때때로 우리는 사랑 때문에 행복감 또는 절망감으로 깊은 수렁에 빠지는 경험을 한다. 롤랑 바르트 Roland Barthes 는 『사랑의 단상』에서 사랑에 빠져드는 것을 '절망 또는 충족감으로 사랑하는 사람에게 나타나는 사라짐의 충동'이라고 말한다. 즉, 이처럼 수렁에 빠지고 싶은 생각이 떠오를 때, 그것은 어느 곳에도 내가 설 땅이 없다는 것을 의미한다.

베르테르가 로테에게 사랑에 빠지고 또 절망하여 죽음을 선택한 것은 사랑한 만큼 사랑받지 못한다는 것을 알았기 때문이다. 더는 이 세상에 존재할 가치를 잃어버리고 만 것이다. 베르테르가 마지막으로 떠나면서 흘렸던 눈물은 로테와의 이별보다는 자신의 사랑을 잃어버렸기 때문이 아니었을까? 힘든 사랑, 버림받은 사랑이라는 절망 속에서 베르테르는 결코 헤어나올 수 없는 막다른 골목에 서 있었다.

격렬한 사랑의 위기는 그를 완전히 파멸 상태로 몰고 갔다. 사랑의 열병을 앓고 있는 베르테르가 극한 상황으로 자신을 몰고 가 결국 사랑의 파국으로 끝나게 되는 이 작품은 짝사랑이나 거절당한 경험을 해 본 사람이라면 쉽게 공감이 될 것이다.

사랑할수록 그 사람을 소유하고 싶은 마음이 생긴다. 베르테르도 마찬가지였다. 베르테르의 절절한 사랑은 이루어질 수 없었기에 비극이 될 수밖에 없었다. 그는 자살하려는 순간 그의 사랑 로테를 소유하는 것을 포기할 수도 있었지만 죽음을 선택했다.

사랑할 때 겪는 심리적 변화

프랑스 근대 소설의 시초라고 일컬어지는 스탕달은 『연애론』에서 사랑이 발생하는 과정을 7단계로 분류했다.

'감탄, 접근, 희망, 사랑의 탄생, 제1의 결정작용結晶作用, 의혹의 발생, 제2의 결정작용' 순으로 사랑에 빠지게 된다는 것이다. 여기서 사랑의 '결정화'란 연애 초기에 일어나는 상대방을 이상화하는 현상을 의미한다. 이러한 결정작용은 사랑하는 사람의 모든 행동과 말, 모습 등 눈앞에 나타나는 모든 현상으로부터 아름다움을 발견하는 정신작용이다. 우리는 이를 쉽게 말해 콩깍지가 씌인다고 표현한다. 그래서 우리가 사랑에 빠지는 대상은 늘 사람마다 다양하고 특별하며 유일무이하다.

　스탕달은 겨울철에 잘츠부르크의 소금광산 깊은 곳에 나뭇가지를 넣어 두었다가 2~3개월이 지난 후에 꺼내 보면 그 나뭇가지가 다이아몬드처럼 반짝이는 무수히 많은 소금 결정체로 덮여 있는 것을 볼 수 있다고 한다. 본래의 나뭇가지는 모습을 찾아볼 수 없게 된다는 것이다. 이처럼 사랑에 빠진 사람의 마음속에도 눈꽃처럼 아름다운 결정체가 생긴다.

　첫 번째 결정작용 때문에 사랑의 열병에 빠진 사람은 상대방의 어떤 모습이라도 아름답게 감싸려고 한다. 둘 사이의 관계가 나빠진 경우에도 마음속으로 상대방을 미화하면서 그 사랑을 이어가려고 한다.

　제2의 결정작용 단계에서는 '그녀도 정말 나를 사랑하고 있을까?'라는 생각으로 비통한 심정과 감미로운 심정에 번갈아 사로잡히면서 숨이 막힐 것 같은 느낌이 든다. 베르테르가 이루어질 수 없는 사랑으로 인해 극단적인 선택할 수밖에 없었던 이유도 스탕달의 사랑의 '결정화' 이론에서 해답을 찾을 수 있다. 베르테르의 마음속에 그녀에 대한 사랑의 결정체가 시간이 갈수록 녹지 않고 온전하게 존재했기 때문이리라. 그녀에 대한 사랑의 확실성으로 인해 한 손에는 행복감을 느끼면서, 다른 한 손으로는 죽음에 이를 수도 있는 무서운 절벽 길을 더듬으며 나아간 것이다.

아아, 당신이 나를 사랑한다는 사실을 나는 맨 처음 만났을 때부터 진심으로 가득 찬 그 눈초리에서 그리고 정성 어린 악수에서 알았습니다. 그러나 내가 다시 당신에게서 떠나고 알베르트가 당신 곁에 있는 것을 볼 때면, 열병처럼 다시금 의심이 일어나서 기가 죽고 맥이 풀려버렸던 것입니다.

베르테르가 권총으로 자살하기 전에 쓴 글을 읽어 보면, 로테에 대한 사랑이 얼마나 불타고 있으며 이룰 수 없는 사랑 때문에 얼마나 허무를 느끼는지를 짐작할 수 있다.

사랑하게 되면 모순에 빠지곤 한다. 그 누구보다도 사랑하는 사람을 잘 안다고 생각하지만, 잘 모를 때가 많다. 그래서 서로를 이해하기 위해서는 항상 사랑이라는 단어 뒤에 감춰진 암호를 해독해야 한다. 사랑하면 할수록 상대방과의 사랑이 힘든 것은 사랑을 알 수 없기 때문이다. 그 사람의 마음을 꿰뚫어 볼 수도 없고, 찾아낼 수도 없고, 가슴을 열어젖혀 그 진심을 눈으로 확인할 수도 없기에, 이 수수께끼 같은 사랑에 절망감을 느끼는 것이다.

롤랑 바르트는 '사랑하는 사람은 자신의 사랑을 증명해 보이려거나, 혹은 그 사람이 진정으로 자기를 사랑하는지를 확인해 보고 싶을 때면, 어떤 확실한 기호 체계도 수중에 갖지 못한다'고 말한다. 사랑받고 있다고 확신할 만한 기호를 찾기 위해 상대방에게 "난 당신에게 어떠한 존재이죠?"라는 질문을 자꾸 던지는 것이다. 바르트는 사랑할 때 그 기호의 불확실성, 즉, 거짓 기호 또는 모호한 기호일 수 있기에 그 해석을 믿어서는 안 된다고 말한다. 기호는 사랑을 증명하는 증거가 아니기 때문이다.

로테 안에 살고 있던 베르테르 역시 자신의 감정에만 충실했기에 그녀의 진심을 알 수 없었다. 자신의 감정에만 충실한 사랑은 결국 불행을 자초한다. 더는 살 가치가 없다고 생각하게 된 베르테르. 더는 로테에게서 어떠한 사랑의 기호도 찾을 수 없었던 베르테르. 죽음 외에는 달리 도리가 없는 것처럼 보인 슬픈 베르테르의 눈물은 로테에 대한 사랑의 결정체가 흘러나온 것은 아닐까.

자아, 로테, 나는 두려워하지 않고, 차갑고 무서운 술잔을 손에 들어 죽음의 도취를 다 마셔버리렵니다. 당신이 이 잔을 내게 손수 내어주셨습니다. 나는 망설이지 않겠습니다. 모든 것이! 모든 것이 내 인생의 모든 소원과 희망이 이뤄졌습니다! 이렇게 냉정하게, 이렇게 담담하게 죽음의 철문을 두드립니다!

로테! 될 수만 있다면 당신을 위해서 목숨을 바치고 싶었습니다. 당신을 위해서 이 몸을 바치는 행복을 누려봤으면 했던 것입니다! 당신의 생활에 평화와 기쁨을 다시 찾게 해드릴 수만 있다면 나는 아무 미련도 없이 기꺼이 용감하게 죽으려고 했습니다.

　사랑이 힘든 이유는 무엇일까? 사랑은 내가 필요로 한 것을 상대방이 기꺼이 내어줄 의무가 있다고 생각한다. 이런 사랑은 자신을 괴롭힐 수 있고, 불행에 빠뜨릴 수도 있다. 베르테르처럼 사랑하는 것만큼 사랑받지 못하는 맹목적인 사랑이 위험한 까닭이다.
　헤르만 헤세는 사랑은 우리를 행복하게 만들기 위해 존재하는 것이 아니라고 말한다. 다시 말해 사랑은 우리가 고통과 인내하는 과정 속에서 얼마나 강할 수 있는가를 우리에게 보여 주기 위해 존재한다는 것이다.

타자

사랑은
꽃과 흙의 관계?

앙투안 드 생텍쥐페리 『어린 왕자』

사랑을 법칙으로 계산하거나 예측할 수 있을까? 우연히 만나 시작한 사랑이 필연처럼 느껴지는 것은 왜일까? 진정한 사랑이란 무엇일까? 사랑의 완성은 언제 이루어지는 것일까? 왜 우리는 힘든 사랑을 포기하지 못하고 계속하게 되는 것일까? 사랑이란 둘이 만나 하나가 되는 것일까?

생텍쥐페리^{Saint Exuper}의 『어린 왕자』에서 어린 왕자와 장미꽃 이야기는 사랑의 과정에 대해 다시 한번 생각해 보게 한다.

소행성 B612에 혼자 살고 있는 어린 왕자는 어느 날, 어디선가 씨앗이 날아와 싹을 틔운 장미꽃을 만난다. 장미꽃은 어린 왕자에게 자기 생각 좀 해 달라며 아침 식사를 챙겨 달라, 바람막이를 씌워 달라는 등 요구를 한다. 그러자 어린 왕자는 까다롭고 허영심이 많으며 자존심이 강한 장미꽃에 실망하여 그 사랑을 의심하기 시작한다.

왜 어린 왕자는 장미꽃의 대수롭지 않은 말들을 심각하게 받아들이고 상처를 받아 불행에 빠지고 만 것일까? 둘의 관계에서 최초의 장애물, 최초의 심각한 대립, 최초의 권태와 마주했기 때문이다.

알랭 바디우는 『사랑 예찬』에서 '진정한 사랑이란 공간과 세계와 시간이 사랑에 부과하는 장애물들을 지속적으로, 간혹 매몰차게 극복해 나가는 것'이라고 말한다. 사랑은 한순간의 황홀한 감정으로 끝나는 것이 아니라 지속해야 할 문제이다.

하지만 현실에서 사랑은 어떠한가. 우리가 만든 결혼이라는 제도에 의해서 사랑을 중단하고 있지는 않은가. 결혼 이후 사람들은 가족이라는 안전과 안락함 속에 갇혀 처음 만났을 때의 떨림은 사라지고 권태로움에 빠진다.

지속해서 서로를 길들이는 과정

결국 어린 왕자는 떠나기로 한다. 어린 왕자가 꽃에게 "잘 있어."라고 말하자, 꽃은 자신이 어리석었으니 용서해 달라고 말한다. 장미꽃은 어린 왕자에게 처음으로 "너를 사랑해."라고 고백한다.

"그래, 난 너를 사랑해." 꽃이 그에게 말했다. "넌 그걸 전혀 몰랐지. 내 잘못이었어. 아무래도 좋아. 하지만 너도 나와 마찬가지로 어리석었어. 부디 행복해……. 유리 덮개는 내버려 둬. 그런 건 이제 필요 없어."

철학자 알랭 바디우는 단순한 하나의 우연한 만남이 바로 '선언'을 통해서 사랑의 진리로 구축된다고 말한다. 다시 말해 내가 예상하지 못했던 누군가와의 우연한 만남이 결국 하나의 운명이라는 외양을 띠게 되는 것이 바로 '사랑의 선언', 예를 들면 "나는 너를 사랑해."라는 말로 가능하다는 것이다. 사랑의 선언은 우연에서 운명으로 이르는 이행의 과정이고, 그 이후 그 사랑은 어마어마한 긴장감으로 가득 차게 된다고 바디우는 말한다.

어린 왕자와 장미꽃은 사랑의 선언을 통해 운명적인 사랑의 단계로 들어갔다. 하지만 사랑에 서툴러 장미꽃에 대해 아무것도 이해할 줄 몰랐던 어린 왕자는 꽃의 대수롭지 않은 말에만 귀를 기울였고, 장미꽃이 선사했던 사랑의 향기를 즐길 줄 몰랐다. 우물쭈물하던 어린 왕자는 자신의 꽃을 홀로 두고 행성을 떠나고 만다.

어린 왕자는 여행의 종착지인 일곱 번째 별 지구에 도착해서 모래와 바위와 눈 사이를 한동안 걷다가 장미가 만발한 정원을 발견한다. 그 장미꽃들은 자신의 장미꽃과 쏙 빼닮았다. 어린 왕자는 이 세상에 오직 하나뿐인 장미꽃을 가진 부자인 줄 알았는데 정원에 똑같은 꽃들이 오천 송이나 있는 걸 보고 풀숲에 엎드려 울었다. 자신이 가진 꽃이 그저 평범한 장미꽃이었고, 자신의 무릎까지밖에 안 오는 화산 세 개로는 뭐 그리 대단한 왕자도 안 된다는 생각이 들었기 때문이다. 그때 여우가 어린 왕자 앞에 나타난다.

"이리 와서 나와 함께 놀아. 난 정말로 슬프단다……." 어린 왕자가 청했다.

"난 너와 함께 놀 수 없어." 여우가 말했다. "나는 길들여지지 않았으니까."

"아, 미안해." 어린 왕자가 말했다.

그러나 잠깐 생각해 본 후에 물었다.

"'길들인다'는 게 뭐지?"

(……)

"그건 사람들이 너무 잊고 있는 거지." 여우가 말했다. "그건 '관계를 맺는다……'는 뜻이야."

"관계를 맺는다고?"

"그래." 여우가 말했다. "넌 내게 아직 수많은 다른 소년들과 다를 바 없는 소년에 지나지 않아. 그래서 난 널 필요로 하지 않고, 너도 날 필요로 하지 않아. 난 너에게 수많은 다른 여우들과 똑같은 한 마리 여우에 지나지 않아. 하지만 네가 나를 길들인다면 우리는 서로를 필요로 하게 될 거야. 난 너에게 이 세상에 오직 하나밖에 없는 존재가 되는 거고……."

여우는 '길들인다는 건 서로를 필요로 하게 되고, 서로에게 이 세상에 오직 하나밖에 없는 존재'가 될 거라고 말한다. 어린 왕자는 이 세상에 있는 오천 송이나 되는 장미꽃들보다 자신의 행성에 있는 한 송이 장미꽃이 오직 하나뿐인 소중한 존재임을 깨닫는다. 어린 왕자는 자신이 그 장미꽃에게 물을 주고, 바람막이로 보호해 주며, 애벌레도 잡아 주었다는 사실을 자각한다. 또한 불평하거나, 자랑을 늘어놓거나, 때로는 말 없는 침묵까지 들어주었다는 것을 깨달았다. 그러므로 그 장미꽃은 어린 왕자의 것이었다.

여우는 어린 왕자에게 이렇게 말한다.

"잘 가." 여우가 말했다. "내 비밀은 이런 거야. 그것은 아주 단순하지. 오로지 마음으로 보아야만 잘 보인다는 거야. 가장 중요한 건 눈에 보이지 않는단다."

(……)

"너의 장미꽃을 그토록 소중하게 만든 건 네가 그 꽃을 위해 쓴 그 시간 때문이란다."

"사랑은 지속성에서 완성된다"

사랑은 이처럼 그 사랑을 완성하는 데 걸리는 기간의 문제도 중요하다. 우리의 사랑이 진정한 사랑이라고 부르기 위해서는 지속되어야 하며 그 기간 동안 서로에게 길들여지는 과정이 필요하다. 그래서 알랭 바디우는 사랑이라고 부를 수 있으려면 무엇보다도 지속성을 구축해야 한다는 점을 강조했다.

"사랑은 지속성에서 완성된다."

진정한 사랑이란 사랑에 부과된 장애물을 지속적으로 극복해 가는 과정이다. 장애물을 극복하는 것은 쉽지 않겠지만, 있는 그대로 상대를 사랑하고, '나'와 '너'의 차이를 인정하는 데서 진정한 사랑이 시작된다. 또한 눈에 보이지 않는 그 사람만의 장점을 찾아내기 위해 노력해야 한다.

진정한 사랑을 하려면 나부터 사랑해야 한다. 루이스 L. 헤이[Louise L. Hay]는 『미러』에서 '타인과의 관계를 치유하고 싶다면 가장 먼저 자기 자신과의 관계를 개선하라'고 말한다. 타인과 사랑을 기반으로 맺은 관계는 둘이서 아무리 노력한다고 하더라도 마음에 상처를 입을 수 있다. 사랑하는 과정에서 상처를 받는 것은 당연한 일이다. 사랑하는 감정이 깊을수록 상처의 골은 더 깊어지기 때문이다. 오히려 상처를 받지 않는다면 진정으로 사랑하고 있는지를 의심해 봐야 한다.

사랑이란 둘 사이를 가로막는 장벽을 허물고 나아가는 과정이다. 그러므로 슬픔과 후회, 그리고 눈물로 가득 찬 자신의 마음을 치유한 후에 다시 타인과 사랑을 해야 한다. 손상된 사랑의 관계를 치유하기 위해서는 먼저 자신과의 관계를 회복하는 것이 중요하다. 스스로 자신의 아픈 곳을 붕대로 완전하게 감싸줘야 한다.

마르틴 부버Martin Buber는 『나와 너』에서 "온갖 참된 삶은 만남 Begegnung이다."라는 중요한 말을 했다. 나를 온전히 존재하게 만드는 너는 그만큼 특별한 존재다. 사랑의 진정한 의미도 내가 너에게로 다가가고, 네가 나에게로 다가오는 관계에서 비롯된다. 쌍방적이며 순환적인 사랑이다.

사랑이란 꽃과 흙의 관계처럼 묵묵히 모든 것을 받아 준다. 흙은 꽃을 피우지만, 흙은 꽃에 아무것도 바라는 것이 없다. 그저 꽃이 아름답게 피고 자라는 데만 묵묵히 밑거름이 되어 줄 뿐이다. 또 꽃잎이 떨어지면 흙은 말없이 받아 준다. 서로에게 맞는 대상이 되기 위해 꽃은 흙의 성질을 받아 주고 흙 또한 꽃이 피는 과정을 지켜보며 양분을 제공한다. 길들이고 받아 주고 또 길들여진다. 그리하여 '사랑'이라는 결실을 맺는다.

슬픔

나는
그 사람이 아프다

앙드레 지드 『좁은 문』

앙드레 지드의 『좁은 문』은 제롬과 외사촌 알리사의 운명과도 같은 이루어질 수 없는 슬픈 사랑에 관한 이야기다.

주인공 제롬은 열두 살도 채 되지 않아 의사였던 아버지를 여의고 어머니를 따라 파리로 이사한다. 매년 여름 외삼촌 집에 놀러 가서 두 살 위였던 알리사, 한 살 아래였던 쥘리에트, 그리고 막내 로베르와 지냈다. 그러던 어느 날 제롬은 눈물로 젖은 알리사의 얼굴을 보았다. 알리사는 젊은 장교와 바람난 자신의 어머니 때문에 슬퍼하고 있었다. 이 순간 제롬은 자신의 인생 목적이 오직 알리사를 지켜 주는 것이라고 다짐한다.

나는 여전히 꿇어앉아 있는 그녀 곁에 서 있었다. 가슴속에서 올라오는 새로운 격정을 나는 무엇이라 표현해야 좋을지 몰랐다. 그저 그녀 머리를 내 가슴에 꼭 끌어안고, 내 영혼이 흘러넘치는 입술을 그녀 이마에 맞출 뿐이었다. (······) 그리고 이제부터 내 인생의 목적은 오직 이 소녀를 공포로부터, 악으로부터, 인생으로부터 지켜 주는 것이라고 생각했다. 나는 마침내 기도하는 마음으로 가득 차서 무릎을 꿇는다. 나는 그녀를 내 몸으로 감싸 준다.

이루어질 수 없는 슬픈 사랑 이야기

인간의 사랑이 가끔은 비극적이거나 슬프다는 생각이 든다. 상대방이 나를 얼마큼 사랑하는지 알 수 없기 때문이다. 상대방이 나를 얼마나 사랑하는지 거울 들여다보듯 알 수 있다면 얼마나 좋을까. 제롬도 알리사를 향해 같은 소망을 드러낸다.

우리가 사랑하는 영혼 위에 몸을 기울이고, 마치 거울을 들여다보듯이, 그 속에서 우리 자신이 어떤 모습으로 비치는지 볼 수 있다면 그 사랑이 얼마나 평온할 것인가.

알리사는 사랑하는 제롬을 피하면서도 왜 그래야 하는지조차 모른 채 슬픔에 잠겨 있었다. 어릴 적 자신의 어머니가 바람이 나 모든 것을 버리고 도망쳤을 때 받은 상처 때문인지도 모른다. 아니면 그 당시 교회당에서 목사님에게 들었던 좁은 문으로 들어가기를 힘쓰라는 성경 구절처럼, 인간에 대한 사랑과 신에 대한 사랑이 공존할 수 없음을 깨닫고 신을 향한 좁은 길을 선택한 것인지도 모른다.

제롬은 알리사와 마지막으로 만났을 때, 야위고 파리해진 그녀에게 다시 청혼했다. 하지만 그녀는 "이제는 늦었어. 우리가 사랑을 통해서, 사랑보다 더 좋은 것을 서로에게서 엿본 그날부터 이미 늦은 거야."라는 대답으로 거절한다. 알리사는 제롬을 붙잡으면서 동시에 밀쳐 내듯, 말로는 이루 다 할 수 없는 사랑에 가득 찬 눈으로 바라보다 문을 닫았다. 제롬은 알리사와의 마지막 이별로 인해 극도의 절망감에 사로잡혀 그 문에 기댄 채 쓰러졌다. 알리사는 일기에 이별의 슬픔을 털어놓았다.

모든 것이 사라졌다. 아! 슬프게도, 그는 내 품에서 마치 그림자처럼 빠져나갔다. 그는 여기 있었다! 바로 여기 있었다! 아직도 나는 그를 느낀다. 나는 그를 부른다. 내 손, 내 입술은 어둠 속에서 헛되이 그를 찾는다…….

그로부터 한 달 뒤에 제롬은 쥘리에트로부터 가엾은 알리사가 요양원에서 세상을 떠났다는 편지를 받았다. 알리사의 유언에 따라 그녀의 일기장이 제롬에게 전해졌다. 알리사의 일기에는 죽음 직전까지 알리사의 제롬에 대한 심경의 변화가 자세하게 적혀 있었다.

나는 사랑에 대해서는 아무 말도 하지 않고서, 내가 그를 사랑하는지조차 알지 못한 채, 그를 사랑하고 싶다. 내 모든 미덕은 오직 그의 마음에 들기 위한 것이다. 하지만 그의 곁에 있으면, 내 미덕이 무기력해지는 것을 느낀다.

이러한 고백을 통해 제롬에 대한 사랑과 하나님만을 바라보는 독실한 사랑 속에서 그녀가 무척 고통스러워했다는 것을 느낄 수 있다. 그녀가 원했던 진정한 사랑은 도대체 어떤 것이었길래 이토록 슬픈 사랑으로 끝나버리고 만 것일까.

알리사의 죽음을 알려 준 쥘리에트의 마지막 편지를 받은 뒤로 10년이 넘는 세월이 흐른 후에도 제롬은 그녀를 잊지 못했다. 쥘리에트가 제롬에게 언제까지 결혼하지 않을 생각이냐고 묻자, 제롬은 '많은 것을 잊을 수 있을 때까지'라고 말한다. 그리고 그는 만약 다른 여자와 결혼하게 되더라도, 그 여자를 사랑하는 척할 수밖에 없을 거라고 말한다.

이별이 슬픈 이유

만약 사랑하는 이를 잃고 슬픔에 빠졌을 때, 우리도 제롬처럼 일상으로 돌아가는 게 쉽지 않을 것이다. 자신을 내리누르는 슬픔의 무게를 감당할 수 없는 이유는 마음속에 떨쳐 버릴 수 없는 사랑하는 이와의 추억 때문이다.

론 마라스코와 브라이언 셔프는 『슬픔의 위안』에서 슬픔을 '무거움'이라고 표현한다. 즉, 사람들이 슬픔을 말할 때 가장 흔하게 쓰는 형용사는 '참을 수 없는'이며, 슬픔은 참아야 할 무엇이자 짊어져야 할 무거움이라는 것이다. 이러한 슬픔은 아무런 예고도 없이, 한순간에 찾아오기 때문에 우리는 슬픔이 찾아오는 순간 늘 깜짝 놀라게 되고, 그러한 패닉은 우리를 끔찍하게 만든다.

사랑을 이루지 못했을 때나 사랑하는 이를 잃었을 때의 슬픔은 참을 수 없는 고통 그 자체이다. 사랑하는 사람의 영원한 이별로 슬퍼하는 사람들 대부분은 이런 불안감과 두려움이라는 감정을 안고 살아간다.

쥘리에트는 제롬에게 아무 희망도 없는 사랑을 그토록 오랫동안 마음속에 간직할 수 있겠는가, 날마다 삶의 거센 바람이 불어닥쳐도, 그 사랑이 꺼지지 않으리라고 생각하냐고 묻는다. 마침내 쥘리에트는 "자! 이젠 잠에서 깨어나야 해."라고 말한 후 두 손으로 얼굴을 감싼 채 울음을 터트리고 만다.

이별은 떠나는 사람과 남겨진 사람 모두에게 슬픔과 아쉬움이라는 감정을 남긴다. 이별이 슬픈 이유는 사랑하는 사람을 다시는 만나지 못하게 될 거라는 절망감 때문이다. 또한 영원히 사랑하겠다던 굳은 약속과 추억들이 먼지처럼 덧없이 사라지기 때문이다. 그렇다면 제롬은 잃어버린 사랑으로 인한 슬픔을 어디에서 위안받아야 할까.

이별의 슬픔은 다시 만날 수 있다는 희망으로 극복되어야 한다. 사랑하는 사람은 떠난 것이 아니라 곁에서 머물며 단지 '침묵'하는 것인지도 모른다.

슬픔이 가득할 때는 슬픔에 기대야 한다. 슬픔을 극복하려고 하는 사람이 가장 먼저 해야 할 일은 슬프다는 사실을 인정하고 받아들이는 것이다. 가만히 슬픈 내 그림자를 보며 하루하루 살다 보면 불행의 그림자에서 벗어날 힘이 생긴다. 슬픔을 일상으로 여기는 것. 그리하여 무뎌지는 것. 요철처럼 튀어 나온 슬픔을 평평하게 두드려 평온함을 유지해야만 한다.

연인

—◆—

왜 나는
너를 사랑하는가

프랑수아즈 사강 『브람스를 좋아하세요...』

살면서 우리는 몇 번의 사랑을 경험하기도 한다. 사랑을 열망하고, 타인의 행복한 사랑을 부러워하기도 하며, 불행한 사랑 이야기를 들으면서 마음 아파하기도 한다. 사랑과 이별을 노래한 수많은 가사를 보면, 사랑은 분명 우리 삶에서 가장 중요한 것임이 틀림없다.

세상 어디를 가든, 어느 시대를 들여다보든 인간사에서 사랑은 빠지지 않는다. 모든 사람이 그토록 사랑을 갈구하지만, 시대가 변할수록 사랑하는 일은 점점 더 어려워지고 있다.

사람들은 자신이 사랑에 실패한 것은 사랑의 대상을 잘못 선택했기 때문이라고 여긴다. 즉, 사람들은 사랑을 '대상을 선택하는 문제'

로 인식한다. 그리하여 사랑에 대해서 좀처럼 무언가를 배울 필요를 느끼지 못한다. 사랑을 너무 쉽게 생각하는 것이다.

사랑은 감정이 아닌 기술

정신분석학자이자 사회철학자인 에리히 프롬[Erich Pinchas Fromm]은 『사랑의 기술』에서 사랑을 흔히 생각하는 '감정'이 아닌 '기술'이라는 말한다. 그러나 현대인들 대부분은 사랑을 단순히 감정의 문제로만 알기에 사랑에 대해서 배워야 할 것이 있다고 생각하는 사람은 거의 없다는 것이다. 사람들이 사랑에 대해서 배우려고 하지 않는 이유에 대해서 에리히 프롬은 세 가지를 언급했다.

첫째, 대부분의 사람은 사랑의 문제를 '사랑하는', 곧 사랑할 줄 아는 능력의 문제가 아니라 오히려 '사랑받는' 문제로 생각한다. 자신이 적극적인 사랑을 표현하기보다는 '어떻게 하면 상대방으로부터 사랑을 받을 수 있을까' 하는 소극적 사랑을 중요시하기 때문이다.

둘째, 사랑의 문제는 '능력'의 문제가 아니라 '대상'의 문제라고 생각한다. '사랑한다'라는 것은 쉬운 일이고, 사랑할 또는 사랑받을 올바른 대상을 발견하기가 어려울 뿐이라고 생각한다.

셋째, 사랑을 '하게 되는' 최초의 경험과 사랑하고 '있는' 지속적

상태, 혹은 좀 더 분명하게 말한다면 사랑에 '머물러' 있는 상태를 혼동한다. 사랑이라는 감정을 모르고 지내오던 두 사람이 갑자기 상대방과 사랑에 빠져 하나라고 느낄 때, 처음에 느꼈던 친밀감과 기적적인 면은 점점 줄어들고 마침내 적대감, 실망감, 권태로 인해 이별을 택하게 된다.

그녀가 정말 사랑한 것은 누구일까?

프랑수아즈 사강^{Francoise Sagan}의 『브람스를 좋아하세요...』에서도 사랑의 대상에 관한 고민이 보인다. 주인공 폴은 서른아홉 살의 실내장식가이다. 그녀는 첫 남편과 이혼한 후 로제라는 남자와 오랫동안 연인으로 지내오고 있었다.

폴은 로제가 자신의 운명임을 직감하며 로제에게서 안정감과 익숙함을 느낀다. 하지만 폴은 서글픈 행복감을 느낀다. 로제는 폴과 교제 중에도 그녀에게 구속되는 것을 싫어하고 자유를 원해 그녀에게 고독감을 안겨 주었기 때문이다.

폴은 오늘 밤도 혼자라는 생각에 눈물을 흘리고 있다. 로제도 폴을 사랑한다고 하지만 그저 소유하기만 한 것은 아닐까?

두 눈에 눈물이 고였다. 오늘 밤도 혼자였다. 그리고 앞으로의 삶 역시 그녀에게는, 사람이 잔 흔적이 없는 침대 속에서, 오랜 병이라도 앓은 것처럼 무기력한 평온 속에서 보내야 하는 외로운 밤들의 긴 연속처럼 여겨졌다.

(……) 로제는, 아마도, 가끔은 그녀를 필요로 하리라……. 하지만 진정으로 필요로 하는 것은 아니었다.

그러던 어느 날 폴은 일을 위해 고객의 집을 방문했다가 스물다섯 살 시몽을 만나게 된다. 시몽은 첫눈에 폴에게 반해 적극적으로 구애했다. 로제와 시몽, 두 명의 남자를 두고 갈등하던 폴에게 "브람스를 좋아하세요?"라는 짧은 질문이 담긴 시몽의 편지는 그녀가 잊고 있던 모든 것, 의도적으로 회피하던 모든 질문을 환기시켰다.

자기 자신 이외의 것, 자기 생활 너머의 것을 좋아할 여유가 있는지, 로제를 진정으로 사랑하는 것이 아니라 사랑한다고 여기는 것뿐인지를 생각하게 했다. 결국 그녀도 시몽에게로 마음이 움직였다.

'오늘 6시에 플레옐 홀에서 아주 좋은 연주회가 있습니다. 브람스를 좋아하세요? 어제 일은 죄송했습니다.' 시몽에게서 온 편지였다. 폴은 미소를 지었다. 그녀가 웃은 것은 두 번째 구절 때문이었다. "브람스를 좋아하세요?"라는 그 구절이 그녀를 미소 짓게 했다. 그것은 열일곱 살 무렵 남자아이들에게서 받곤 했던 그런 종류의 질문이었다. 분명 그 후에도 그런 질문을 받았겠지만 대답 같은 걸 한 적은 없었다. 이런 상황, 삶의 이런 단계에서 누가 대답을 기대하겠는가? 그런데 그녀는 과연 브람스를 좋아하던가?

어느 날 폴과 시몽은 한 식당에 갔다가 다른 여자와 함께 있는 로제를 보게 되었다. 그들은 저녁 식사 후 각자 춤을 추었다. 폴과 로제는 아직 서로 사랑하고 있음을 깨달았다. 결국 사랑의 매너리즘에 빠졌던 폴은 따뜻한 봄 햇살 같았던 시몽을 버리고 바람둥이 로제에게로 되돌아간다. 왜 하필이면 행복한 시몽과의 사랑을 포기하고 불행한 로제와의 사랑을 선택한 것일까. 어쩌면 폴은 시몽이 자신을 절대적으로 선택하지 않았기 때문이라고 생각해서일 것이다. 즉, 폴은 자신의 상황이나 조건이 변하면 시몽이 자신을 언제든지 버릴지도 모른다고 생각한 것이다. 미래에 홀로 남겨질지도 모를 시몽을 선택하는 것보다 로제를 선택한다면 불행할지라도 자신을 떠날 위험은 별로 없기 때문이다.

"잊지 않을 거야." 폴이 말했다. 그녀는 그를 향해 눈길을 들어 올렸다.
"나 역시 잊지 않을 거야. 그건 다른 문제야. 다른 문제라고."
시몽이 말했다.
그는 문을 향해 걸어가다가 중간쯤에서 몸을 휘청하더니 그녀를 향해 일그러진 얼굴을 돌렸다. 그녀는 한 번 더 그를 품에 안고 그의 슬픔을 받쳐 주었다. 이제까지 그의 행복을 받쳐 주었던 것처럼.

이별을 겪고 나면 다시는 사랑하지 않겠다고 말하지만, 또 누군가를 만나 사랑에 빠지곤 한다. 사랑은 우리가 존재하는 이유이기 때문이다. 하지만 '왜 나는 너를 사랑하는가'라고 한 번쯤 자신에게 진지하게 물어본 사람이 몇이나 될까? 자신을 열렬히 사랑했던 시몽은 그렇게 떠나가고, 폴은 시몽이 없는 삶에 점차 익숙해진다. 로제는 오늘도 일 때문에 늦을 것 같다는 전화 한 통으로 그녀를 또다시 고독한 사랑에 빠뜨린다.

사랑에 빠질 때 우리가 진정으로 원하는 것은 무엇일까? 그것은 고독한 사랑이 아니라 진정한 사랑일 것이다. 에리히 프롬은 사랑의 실천과 관련하여 사랑은 활동이라고 말한다. 사랑하고 있다면 사랑받는 사람에 대해 끊임없이 적극적인 관심을 둬야 한다.

프랑수아즈 사강은 『브람스를 좋아하세요...』에서 익숙함과 매너리즘에 매몰된 우리의 삶과 사랑에 대해서 '고독'이라는 형을 선고한다. 우리가 고독하다고 느끼는 것은 내가 사랑하는 상대를 그저 내 안에 가둬 둘 존재로만 생각하기 때문이다. 사랑이라는 커다란 유리관에 갇힌 대상은 유기적 존재가 아닌 무기적 존재가 되어 버린다. 그렇게 숨통을 조인 존재는 결국 숨을 멎고 우리는 고독이라는 중형을 선고받는 것이다. 우리가 사랑하고 있는 대상은 아무런 의지나 감정이 없는 인형이 아니다. 나와 마찬가지로 자유로운 의지와 기쁨과 슬픔을 느낄 수 있는 감정을 지닌 존재다.

우리는 종종 이런 사실을 잊는다. 사랑하는 그 또는 그녀가 단지 자신의 소유물이라고 생각하는 것이다. 마치 집에 있는 오래된 가구나 의자처럼 말이다. 사랑하는 사람과의 관계에서의 어려움은 그 또는 그녀를 이런저런 방법으로 소유하려는 자기 욕망에서 비롯된다. 사랑하는 사람은 내가 필요로 하는 것을 항상 내게 줄 수 있는 의무가 있다고 한결같이 생각하는 실수를 저지른다.

3장

단 한 번뿐인 삶,
욕망하라

LITERATURE THAT
COMFORTS
MY LIFE

열정

어떤 삶이 참되고 행복한가

프랜시스 스콧 피츠제럴드 『위대한 개츠비』

『위대한 개츠비』의 개츠비에서 우리는 '위대한'에 주목해야 한다. 여기서 위대함은 무엇을 말하는 것일까? 그의 능력, 재산, 사랑에 대한 열정, 그 무엇이든 대상이 될 수 있다. 하지만 아이러니하게도 위대한 개츠비는 위대한 인생을 살지 못했다. 한 여인에 대한 사랑을 얻고자 호수 위의 백조처럼 발버둥을 쳤지만 그 강렬한 노력은 목적을 이루지 못했다. 그럼에도 우리는 그의 위대함에 주목한다. 무엇 때문일까?

가난한 미국 중서부 출신인 제이 개츠비는 켄터키주 캠프 테일러에서 장교로 근무하던 중 남부의 상류층 여성 데이지를 만나 사랑에 빠진다. 제1차 세계대전에 참전하면서 그가 유럽 전선에 떠나가 있는 동안, 데이지는 곧 시카고 출신의 돈 많은 남자 톰 뷰캐넌과 결혼을 해버린다. 전쟁이 끝난 뒤 돌아온 개츠비는 이미 다른 사람의 아내가 된 데이지의 사랑을 되찾기 위하여 온갖 수단과 방법을 동원해 재산을 모아 부자가 되었다. 이후 데이지의 저택이 보이는 곳에 대 저택을 샀다.

데이지의 먼 친척이었던 닉이 다리를 놓아 개츠비는 데이지와 다시 만난다. 하지만 데이지는 자신의 남편 톰이 정부情婦가 있다는 사실을 알면서도, 물질적 풍요와 안락함 때문에 그의 곁을 떠나지 못한다. 그러던 어느 무더운 여름날 다 같이 뉴욕으로 갔다가 돌아오는 길에 개츠비의 차를 운전하던 데이지는 톰의 정부를 치어 죽인다. 아내의 외도를 알아차린 정부의 남편은 자신의 아내를 죽인 사람을 찾아 나선다. 마침내 그는 아내를 죽게 한 사람이 개츠비라고 오인해 그를 죽인다. 개츠비의 장례식이 열렸지만 찾아오는 이는 아무도 없다. 데이지마저도 개츠비의 장례식에 나타나지 않고 남편 톰과 멀리 여행을 떠나버렸다.

인간의 본질은 욕망 그 자체다

우리는 살아가면서 기쁨, 슬픔, 사랑, 증오, 분노, 절망 등과 같은 감정 속에서 자신의 세계를 시작하고 만들고 마감한다. 특히 그러한 감정 중에서 사랑이 얼마나 중요한지는 아무리 강조해도 지나치지 않다.

근대 합리론을 대변하는 네덜란드의 철학자인 스피노자$^{Baruch\ de}$ $_{Spinoza}$는 『에티카』에서 '사랑은 외부 원인의 관념에 동반하는 기쁨'이라고 정의한다. 우리 내부에서 저절로 생기는 것이 아니라, 사랑은 사람이나 사물 등 외부의 존재로 인해 생기는 감정이라는 것이다.

개츠비가 진정으로 원했던 것은 데이지와의 진정한 '사랑의 회복'이었을 것이다. 데이지가 남편 톰에게 "난 당신을 결코 사랑한 적이 없어요." 하고 말하기를 바랐을 것이다. 그녀가 자유로운 몸이 되면 함께 루이빌로 돌아가 그녀의 집에서 결혼식을 올리려 했다. 개츠비는 이미 다른 사람의 아내가 된 데이지의 사랑을 되찾기 위하여, 온갖 수단과 방법을 마다하지 않고 돈을 모아 부자가 되었다. 매일 밤 자신의 대저택에서 파티를 열어 그녀와 다시 만날 기회를 엿보았다. 마치 5년 전으로 돌아간 것처럼 말이다.

왜 이토록 개츠비는 그녀를 잊지 못한 것일까? 빈부 격차나 사회 계급의 차이가 너무 크면 사랑을 포기하게 마련이지만 개츠비는 그렇지 않았다. 스피노자의 말처럼 사랑이란 외부의 존재, 즉, 타자 안에서 찾는 기쁨이기 때문이다. 비록 개츠비는 가난하다는 이유로 데이지에게 배신을 당했지만, 그는 데이지와의 사랑 안에서 기쁨을 찾았다. 닉과 개츠비의 대화를 보면 개츠비는 데이지와의 사랑을 되돌려 놓을 수 있다고 확신했다.

"나 같으면 그녀에게 너무 많은 것을 요구하지는 않을 겁니다. 과거는 반복할 수 없지 않습니까." 내가 불쑥 말했다.

"과거를 반복할 수 없다고요? 아뇨, 반복할 수 있고말고요!" 그는 믿어지지 않는다는 듯 큰 소리로 말했다.

그는 마치 과거가 바로 그의 손이 닿지 않는 곳에, 자기 집 앞 그늘진 구석에 숨어 있기라도 하듯 주위를 두리번거렸다.

"난 모든 것을 옛날과 똑같이 돌려놓을 생각입니다. 그녀도 알게 될 겁니다." 그는 단호하게 고개를 끄덕이며 말했다.

개츠비의 상처는 그가 가난을 극복하고 성공한 후 다시 데이지 앞에 나타났을 때 사라졌다. 스피노자는 "사랑에 의해 완전히 극복된 증오는 사랑으로 바뀐다. 그때 이 사랑은 증오가 선행되지 않았을 때보다도 한층 더 크다."라고 말한다. 원망하는 마음이 가득했던 개츠비의 슬픈 과거의 사랑은 이제 사랑 그 자체만으로 기쁨이 됐다. 비록 그가 데이지의 진정한 사랑을 되찾을 수 없을지라도 말이다.

사랑은 이렇듯 감정을 결정하고, 우리가 살아갈 앞날을 밝힌다. 스피노자는 이는 인간의 본질 그 자체가 '욕망'이기 때문이라고 말한다. 즉, 이성을 가장 중시했던 철학자들과 달리 스피노자는 욕망을 인간의 본질이라고 생각한다. 스피노자가 말하는 욕망은 단순히 가지지 못해서 생기는, 즉, 결핍으로 인한 욕망이 아니다. 그것은 우리 앞에 나타나는 장애, 덫, 기회를 가로지르며 역량을 증대시키려 노력한다는 것을 의미한다.

개츠비는 왜 위대한가?

『위대한 개츠비』의 제목은 무슨 뜻일까? 그것은 바로 개츠비의 욕망은 스피노자가 말한 것처럼 가난이라는 부족함으로 인한 것이 아니라 역량 그 자체이기 때문이다. 다시 말해 개츠비의 위대함은 자신의 욕망을 현실화하는 가운데 경험하는 기쁨의 감정, 사랑에 있다. 만약 그에게 데이지와의 사랑을 되찾고자 한 욕망이 없었다면 어떠한 행동도 결정도 삶도 없었을 것이다.

개츠비의 존재는 욕망이며, 욕망은 개츠비를 존재하게 하는 이유였다. 결론적으로 개츠비가 위대한 이유는 그의 앞에 나타난 가난과 장애물들을 뛰어넘으며 자신의 역량을 증대시키려 노력했다는 점이다.

지금 그가 누리고 있는 행복이 얼마만 한 가치가 있는 것인지 어렴풋이 의심이 생긴 듯한 표정이었다. 오 년에 가까운 세월! 심지어 그날 오후에도 데이지가 그의 꿈에 미치지 못하는 순간이 있었을지 모른다. 물론 그녀의 잘못이라기보다는 그가 품어 온 환상의 거대한 힘 때문에 말이다. 그 환상의 힘은 그녀를 초월하였으며 모든 것을 뛰어넘었다. 그는 창조적인 열정으로 직접 그 환상에 뛰어들어 그 환상을 끊임없이 부풀어 오르게 했으며, 자신의 길 앞에 떠도는 온갖 빛나는 깃털로 그 환상을 장식했던 것이다. 그 어떤 정열도, 그 어떤 순수함도 한 인간이 그의 유령 같은 가슴속에 품게 될 것에 도전할 수 없으니라.

알랭 바디우는 『참된 삶』에서 삶을 향한 문턱이라는 과도기를 살아가는 젊은이들에게는 두 가지 내부의 적이 있다고 말한다. 하나는 '즉각적인 삶에 대한 열정'이고, 또 다른 하나는 '성공에 대한 열정'이다.

첫 번째 적인 즉각적인 삶에 대한 열정은 '삶을 불사르는 열정'으로, 말하자면 도박이나 쾌락, 한 곡의 음악, 대마초, 일시적인 바보 같은 장난에 대한 것이다. 두 번째 내부적인 위협인 성공에 대한 열정은 '삶을 쌓아 올리는 열정'으로, 부유하고 힘 있고 좋은 자리에 앉고 싶다는 생각을 말한다.

바디우는 이러한 내부의 적들은 젊은이들을 위협하여 참된 삶에서 멀어지게 하며, 그들 자신 안에 있는 참된 삶의 가능성을 알지 못하게 한다는 것이다. 그는 「아나바즈」라는 페르스의 시에서 '어려운 목적지를 향해 되돌아가는 혹은 거슬러 오르는 방향'을 의미하는 '아나바시스'라는 형상을 가져와 이 두 가지의 경향을 가진 젊은이들의 내적 모순을 설명한다. 즉, 창조적이고 참된 삶에 관해 우리가 할 수 있는 것을 찾아야 하며, 그러한 삶 자체의 역량을 향해 거슬러 올라가야 한다고 말한다.

『위대한 개츠비』의 다음과 같은 마지막 문장은 알랭 바디우가 말한 것처럼 무엇이 참된 삶인지를, 무엇이 우리를 참된 삶에서 멀어지게 하는지를 생각하게 한다.

나는 그곳에 앉아 그 오랜 미지의 세계를 곰곰이 생각하면서 개츠비가 데이지의 부두 끝에서 초록색 불빛을 처음 찾아냈을 때 느꼈을 경이감에 대해 생각해 보았다. 그는 이 푸른 잔디밭을 향해 머나먼 길을 달려왔고, 그의 꿈은 너무 가까이 있어 금방이라도 손을 뻗으면 닿을 것만 같았을 것이다. 그 꿈이 이미 자신의 뒤쪽에, 공화국의 어두운 벌판이 밤 아래 두루마리처럼 펼쳐져 있는 도시 너머 광막하고 어두운 어떤 곳에 가 있다는 사실을 그는 미처 알아차리지 못했던 것이다.

개츠비는 그 초록색 불빛을, 해마다 우리 눈앞에서 뒤쪽으로 물러가고 있는 극도의 희열을 간직한 미래를 믿었다. 그것은 우리를 피해 갔지만 별로 문제 될 것은 없다—내일 우리는 좀 더 빨리 달릴 것이고 좀 더 멀리 팔을 뻗을 것이다…….

그리고 어느 맑게 갠 날 아침에…….

그리하여 우리는 조류를 거스르는 배처럼 끊임없이 과거로 떠밀려 가면서도 앞으로 앞으로 계속 나아가는 것이다.

과연 어떤 삶이 더 참되고 행복할까? 인생 초반에 승승장구하다가

생의 후반부에 처절하게 추락하는 삶, 아니면 초반에는 인생의 파고에 휩쓸려 숨조차 쉬기 힘든 삶을 연연하다가 후반부에 가까스로 정점을 찍는 삶? 우리의 삶은 원래 그렇다. 세계는 자신의 흐름대로 흘러가니 그 흐름에 떠밀리지 말고 우리의 속도와 방향으로 흘러가야 한다. 그것이 살아남은 자의 의무다.

가끔은 완전히 길을 잃고 방황하며 인생을 낭비하지만, 끊임없이 밀려오는 조류에 거스르는 배를 타고 참된 삶을 위해 모험을 떠나야 한다. 과거로 떠밀리어 가면서도 말이다.

오늘날, 청춘들은 자유롭고 무한한 잠재적 가능성을 소유하고 있기에, 삶의 주체로 살아가야 한다. 하지만 자유로운 만큼 방황이라는 불안한 상황에 놓일 수 있다. 참된 삶은 노력할 가치가 있는, 살아갈 보람이 있는, 그리고 돈이나 쾌락이나 권력을 훨씬 능가하는 그 무엇이 아닐까. 개츠비의 삶이 위대했던 것처럼 말이다.

꿈

마음의 소리에
귀 기울이며

파울로 코엘료 『연금술사』

우리는 모두가 행복하게 살기를 원한다. 하지만 정작 행복한 삶이 무엇에 달렸는가를 모른 채 걱정과 고민이 가득 찬 상태로 오늘도 하루를 보낸다. 행복하기 위해 밤낮으로 노력해도 짧은 인생인데, 이리저리 헤매며 방황하는 가운데 에너지를 소진한다. 무엇보다 행복한 삶이 무엇인지 모른다는 점이 우리를 더욱 불행으로 이끈다.

고대 로마 시대의 후기 스토아학파 철학자인 세네카^{Lucius Annaeus} Seneca는 '행복한 삶은 자신의 본성에 맞추는 삶'이라고 말한다. 또한 무엇보다도 우리가 얻고자 하는 것이 무엇인지를 아는 것이 행복한 삶의 지름길이라는 것이다. 그렇다면 어떻게 해야 진정으로 원하는 꿈에 가장 빠르게 도달할 수 있을까?

파울로 코엘료의 『연금술사』는 세상을 두루 여행하기 위해 꿈을 찾아 나선 양치기 청년 산티아고가 자아의 신화 즉, 삶의 참된 의미를 찾는 여행에 관한 이야기다.

산티아고의 부모는 산티아고가 신부가 되어 시골 집안의 자랑이 되어 주기를 바랐다. 하지만 산티아고는 세상을 두루 여행하고 싶었다. 그의 아버지는 산티아고에게 스페인의 옛 금화 세 개를 주며 양들을 사서 세상으로 나가 맘껏 여행하라고 축복을 빌어 준다. 산티아고에게는 겉옷 한 벌과, 다른 것과 바꿀 수도 있는 책 한 권, 그리고 양 떼가 있었다. 그리고 무엇보다 중요한, 가슴에 품어 온 큰 꿈을 매일 실현하는 것, 바로 세상을 여행하는 일이 있었다.

진정한 보물을 찾아 떠난 여정

산티아고는 똑같은 꿈을 연달아 꾸었다. 양들과 함께 초원에 있는데, 한 아이가 손을 잡더니 이집트 피라미드로 데려가는 꿈이었다. 그리고 그곳에서 그 아이는 "만일 당신이 이곳에 오게 된다면 당신은 숨겨진 보물을 찾게 될 거예요."라고 말한다.

결국 산티아고는 인생을 살맛 나게 해 주는 꿈을 실현하기 위해 새로운 길을 찾아 여행을 떠난다. 그는 살렘의 왕임을 자처하는 노인을 만나 우림과 툼밈이라는 두 개의 돌을 받아 자신의 보물을 찾는 기약 없는 여정을 시작한다. 노인은 산티아고에게 보물이 있는 곳에 도달하려면 표지標識를 따라가야 한다고 말한다.

"그것은 나쁘게 느껴지는 기운이지. 하지만 사실은 바로 그 기운이 자아의 신화를 실현할 수 있도록 도와준다네. 자네의 정신과 의지를 단련시켜 주지. 이 세상에는 위대한 진실이 하나 있어. 무언가를 온 마음을 다해 원한다면, 반드시 그렇게 된다는 거야. 무언가를 바라는 마음은 곧 우주의 마음으로부터 비롯되기 때문이지. 그리고 그것을 실현하는 게 이 땅에서 자네가 맡은 임무라네."

"그저 떠돌아다니고 싶은 마음도 그런 것인가요? 양털 가게 주인의 딸과 결혼하고 싶다는 마음도요?"

"아무렴. 보물을 찾겠다는 마음도 마찬가지야. 만물의 정기는 사람들의 행복을 먹고 자라지. 때로는 불행과 부러움과 질투를 통해서 자라나기도 하고, 어쨌든 자아의 신화를 이루어내는 것이야말로 이 세상 모든 사람에게 부과된 유일한 의무지. 세상 만물은 모두 한 가지라네. 자네가 무언가를 간절히 원할 때 온 우주는 자네의 소망이 실현되도록 도와준다네."

노인은 젊은 양치기에게 무언가를 간절히 원하면 온 우주가 소망이 실현되도록 도와준다고 말한다. 그렇다면 노인이 말한 무언가를 '간절히' 원한다는 것은 어떤 의미일까?

『몰입』은 '긍정심리학'의 제창자인 미하이 칙센트미하이^{Mihaly Csikszentmihalyi}의 '인간은 언제 가장 행복할까'라는 질문에 대한 답을 찾기 위한 '몰입 이론'의 기본서다. 우리가 무언가를 간절히 원한다고 말할 때 그 '간절함'이 무엇인지는 '최적 경험'이라는 개념을 통해서 알 수 있다.

누구에게나 한 번쯤은 이런 외적 조건에 압도되지 않고 자기 행동을 스스로 조절할 수 있으며, 내가 내 운명의 주인인 듯한 느낌이 들었던 순간이 있을 것이다. 이때 우리는 기분이 마냥 고양되고 행복감을 맛본다. 이런 경험은 우리 뇌리에 오랫동안 남게 되고, 더 나아가 자신이 지향하고 싶은 삶의 이정표가 될 수 있다. 이런 경험을 최적 경험$^{optimal\ experience}$이라고 한다.

미하이 칙센트미하이는 이러한 최적 경험의 상태를 '플로우^{flow}'라고 이름했다. 즉, 플로우는 지금 하는 일에 푹 빠져 있는 몰입된 상태를 말한다. 누구나 한 번쯤은 자신이 하는 일이 너무나 즐거워서 고통스럽더라도 몰입했던 경험이 있을 것이다. 이러한 최적 경험이 하나둘씩 쌓이다 보면 어느덧 인생의 주인공은 나라는 강렬한 자각, 바로 이 느낌이 행복에 가장 가까운 상태라고 말한다.

산티아고는 보물이 이집트 피라미드 가까운 곳에 있다는 늙은 왕의 말만 믿고 자신의 양을 모두 팔아 아프리카 탕헤르로 떠났다. 하지만 그는 그곳에서 친구를 가장한 도둑에게 자신의 전 재산을 빼앗긴다. 이제 그는 낯선 땅에서 더 이상 양치기도 아니었고, 돌아가서 다시 시작할 돈도 남아 있지 않았다. 산티아고는 절망감에 빠져 울면서 신을 원망했다. 그에게 남은 것은 배낭 안에 있는 두꺼운 책 한 권과 겉옷, 그리고 노인이 준 두 개의 보석뿐이었다.

누구나 산티아고처럼 자신의 꿈과 목표를 향해 나아가다 보면 예측하지 못한 실패와 좌절의 시기가 오기 마련이다. 미하이 칙센트미하이는 고통, 공포, 불안, 분노, 질투와 같은 내적 무질서 상태를 '심리적 엔트로피entropy'라고 부른다. 심리적 엔트로피와 플로우는 정반대의 개념이다. 그는 이러한 심리적 무질서는 우리 의식에 아주 부정적인 영향을 미치고, 이런 상태가 지속되면 우리의 자아는 주의를 집중하여 목표를 수행하는 능력을 상실하게 된다는 것이다.

결국 우리의 인생은 플로우를 향해 가는 먼 길에서 심리적 엔트로피를 만나 헤쳐나가야 하는 지난한 여정과 같다. 산티아고 역시 꿈을 걷는 길에서 예상치 못한 심리적 무질서를 만나게 된다.

산티아고는 보석을 꺼내어 보면서 다시 자신이 진정으로 원하는 일이 무엇인지 깨달았다. 그가 진정으로 원하던 일은 새로운 세상을 아는 것이었다. 그때부터 그는 자신을 도둑에게 가진 것을 몽땅 털린 불행한 피해자라기보다는 보물을 찾아 나선 모험가라고 생각했다. 산티아고는 자신의 주머니엔 동전 한 푼도 없지만, 보물을 찾아가는 미지의 모험이 그를 기다리고 있고, 삶에 대한 믿음이 있었다. 산티아고는 자신이 원하는 것을 알았고, 그 목표를 위해서 끊임없이 나아갈 뿐 포기하지 않았다.

'자신의 꿈에 가까이 다가가면 갈수록 자아의 신화는 더욱더 살아가는 진정한 이유로 다가오는 거야.'

산티아고는 이제 무언가를 조금은 알 것 같았다.

간절히 원하면 이루어진다

사막을 건너 마침내 그 보물이 묻혀 있는 모래언덕에 올라섰다. 하지만 밤새 모래땅을 팠지만 아무것도 찾을 수가 없었다. 그래도 포기하지 않고 파묻힌 돌을 빼내려 할 때 무장한 병사들의 우두머리가 산티아고에게 말했다.

"걱정 마, 넌 죽지 않을 테니. 그리고 다시는 그렇게 바보처럼 살지 마. 지금 네가 쓰러져 있는 바로 그 자리에서 나 역시 2년 전쯤 같은 꿈을 두 번 꾼 적이 있지. 꿈속에 스페인의 어떤 평원을 찾아갔는데, 거기 다 쓰러져가는 교회가 하나 있었어. 근처 양치기들이 양 떼를 몰고 와서 종종 잠을 자던 곳이었어. 그곳 성물 보관소에는 무화과나무 한 그루가 서 있었지. 나무 아래를 파보니 보물이 숨겨져 있지 않겠어. 하지만 이봐, 그런 꿈을 되풀이 꾸었다고 해서 사막을 건널 바보는 없어. 명심하라구."

이제 산티아고는 자신의 보물이 어디에 있는지 온몸으로 느낄 수 있었다. 병사들의 우두머리가 말한 교회 성물 보관소에 무화과나무 한 그루가 서 있던 곳은 바로 산티아고가 자신의 보물을 찾아 여행을 시작한 장소였다. 산티아고는 무화과나무 뿌리 밑에 보물 상자가 있다는 사실을 이제야 알았다.

파울로 코엘료$^{Paulo\ Coelho}$의 『연금술사』에서 '연금술'이란 값싼 금속을 값비싼 황금으로 만드는 방법이 아니라, 자신이 진정으로 원하는 꿈을 찾아 보물 같은 삶으로 나아가는 과정을 의미한다. 그 여정에서 우리가 찾는 보물은 먼 나라의 피라미드가 아니라, 가까운 자기 자신의 마음속에 있다는 것을 알게 된다. 마음의 소리에 귀를 기울여 보자. 내 마음이 가는 곳에 나의 보물이 있다.

하지만 사람들은 자신이 진정으로 원하는 꿈을 이룰 자격이 자신에게는 없다고 생각하거나 이룰 수 없다고 지레 생각한다. 대부분은 자신의 눈앞에 엄청난 보물이 놓여 있어도 알아보지 못한다. 보물이 자신에게 있다는 사실을 믿지 않기 때문이다. 단지 자신의 삶이 바라는 대로 바뀌지 않는다고 불평만 한다. 정작 인생을 어떻게 살아가야 하는지 알지 못한다. 또한 자신이 진정으로 원하는 것이 무엇인지, 자신의 사명이 무엇인지 모른 채 많은 시간을 허비한다.

과연 자신의 진정한 꿈을 아는 사람이 세상에 얼마나 될까? 또 안다고 해도, 그 꿈을 포기하지 않고 끝까지 밀고 나가 자신의 신화를 이룰 수 있는 사람이 몇이나 될까? 자신 안에 잠자고 있는 꿈을 깨워야 한다. 자신의 삶과 세상을 변화시킬 힘을 발견해 보자.

고대 그리스 철학자인 아리스토텔레스는 『니코마코스 윤리학』에서 '제비 한 마리가 날아온다고 하루아침에 봄이 오지 않듯, 사람도 하루아침에 또는 단기간에 행복해지지는 않는다'고 했다. 행복해지기 위한 내면의 노력은 평생토록 지속되어야 한다.

　살다 보면 크고 작은 우연한 사건들이 발생하기 마련이다. 사소한 불행이 삶을 곧바로 불행하게 만들지는 못하지만, 반복적인 불행은 고통으로 이어질 수 있다. 반면, 하루하루를 소소하지만 좋은 일로 채워 간다면 더욱 풍요로운 삶이 될 것이다.

　행복은 어느 날 우연히 찾아오는 것도 아니며, 행복한 삶을 방해하는 운명의 여신이 부리는 장난에 대항할 방법도 없다. 진정으로 행복해지고 싶다면 자신이 몰입할 수 있는 것을 찾는 것이 중요하다. 우리가 간절히 원했던 어떤 것을 한 번 성취한다고 해서 반드시 그것이 평생토록 지속되지 않는다는 점도 명심해야 한다. 우리는 태어나서 죽을 때까지 전 생애를 간절함으로 가득 채워야 할 것이다.

욕망

지금 당장 행복해지는 네 가지 길

앙드레 지드 『지상의 양식』

　누구나 한 번쯤 추억에 잠기며 자신의 지나간 청춘을 회상할 때가 있다. 과거를 거슬러 오르다 보면, 지금까지 자신의 삶에서 기쁜 일, 슬픈 일, 어려웠던 일이 있었음을 떠올리게 된다. 꿈이 실현되어 행복감으로 가득 찼던 순간들, 혼란스럽고 절망스러웠던 순간들이 교차되면서 지나간 시간이 눈앞에 선명하게 펼쳐진다. 그러곤 이렇게 되뇌인다. "그때로 돌아간다면 다시는 그렇게 하지 않을 거야." 과연 우리는 과거로 돌아가면 전혀 다른 행동을 할 수 있을까? 왜 우리는 과거에 집착하는 것일까?

　앙드레 지드Andre Gide는 『지상의 양식』에서 나타나엘에게 과거로 돌아갈 수만 있다면 사랑의 그 시절, 생명이 꿀처럼 자신의 안으로 흘러들던 그 시절로 데리고 가고 싶다고 말한다. 지드는 애타는 열정, 기다림으로 잠 못 이루던 젊음의 시간으로 돌아갈 수만 있다면, 그때의 내가 되어 보고 싶다는 것이다.

우리는 살다 보면 지난날을 뒤돌아보고 후회, 회한, 뉘우침, 이런 감정의 물결 속으로 들어가 과거의 쓰디쓴 물을 다시 맛보기도 한다. 마치 지나간 모든 과거의 사건들, 옛이야기가 되어 버린 꿈과 사랑과 그리고 우정 등에 관한 아련한 추억을 붙잡고, 혹 잃어버릴까 봐 겁이 난 사람처럼 그 형상을 짊어지고 있다.

이처럼 우리가 지나가 버린 과거에 대해 후회하는 이유는 무엇일까? 앙드레 지드는 "시간이 달아나 버리는 것이 나는 너무도 안타까웠다. 선택을 해야만 한다는 것이 나에게는 언제나 견딜 수 없는 일이었다."라고 말한다. 몇 분 후에 어떤 일이 일어날지 전혀 예상하지 못하기 때문에 이것이냐, 저것이냐를 선택하는 문제는 항상 우리를 괴롭혀 왔다. 게다가 한 번 선택하고 나면 다시 시간을 돌이킬 수 없기에 잘못된 선택을 한 경우 과거에 사로잡혀 평생 후회하며 살게 된다. 지드는 우리에게 이렇게 묻고 있다.

"바로 이 순간 너는 생의 벅차고, 온전하고 직접적인 감동을 맛볼 수 있다고 생각하는가?"

어떻게 해야 행복한 삶을 지속할 수 있을까? 앙드레 지드의『지상의 양식』은 화자인 '나'가 나타나엘이라는 가상의 인물에게 이야기를 들려주는 것으로 시, 일기, 여행 기록, 대화 등 다양한 장르가 통합된 형식으로 되어 있다.『지상의 양식』을 통해 어떻게 해야 행복한 삶을 지속할 수 있을까에 대한 해답을 찾아보자.

현재 이 순간에 온 마음을 기울여라

우리가 겪는 고통의 원인은 무엇일까? 어떻게 해야 마음의 안정을 얻을 수 있을까? 어떻게 하면 우리를 옭아매며 끊임없이 되풀이되는 고뇌의 굴레에서 벗어날 수 있을까?

이 질문에 대한 해답은 바로 '현재 이 순간'에 있다. 행복은 지금 이 순간이 주는 선물이다. 우리에게 진정으로 필요한 것은 지속 가능한 행복감이다. 따라서 지속 가능한 행복감을 유지하기 위해서는 현존하는 이 순간이 얼마나 소중한지를 깨닫는 것이 중요하다.

앙드레 지드는 순간들의 '현존'이 얼마나 큰 힘을 가진 것인가를! 때로는 오직 그 순간에만 온 마음을 기울일 줄 알아야 한다고 강조한다. 그렇다면 '현재 이 순간'이 가장 중요한 이유는 무엇일까? 그것은 '현존', 즉, 현재만이 유일하게 존재하는 시간이기 때문이다. 지금 현재 이외에는 아무것도 존재하지 않는다.

『지금 이 순간을 살아라』에서 에크하르트 톨레^{Eckhart Tolle}는 '과거는 마음속에 저장된 지나간 지금에 대한 기억의 흔적이고, 미래는 마음의 투사물로, 상상 속의 지금'이라고 말한다. 다시 말해서 과거와 미래라는 시간은 분명히 실재하지 않는 허상이다. 단지 우리의 환상 속에 존재한다. 따라서 현재의 삶 자체에 주목해야 한다. 만약 현재의 순간을 과거에 대한 후회와 원망 등 부정적인 감정들로 가득 채운다면, 다가올 미래도 과거의 모습을 닮아갈 것이다.

사람들 대부분이 행복이 미래에서 올 것이라며 막연히 기다린다. 그러나 현재의 순간에 감사하지 않고, 과거에 있었던 일에 집착만 한다면 행복은 올 수 없다. 과거에서 벗어나 지금 이 순간에 집중하는 것이야말로 진정한 자유와 행복에 이르는 길이다.

열정적으로 나아가 가슴 뛰는 삶을 살라

한곳에 머물면서 나아가지 못한다면 죽은 삶이나 다름없다. 안락함과 나태함에 빠져 헤어나오지 못한다면 그 시간을 헛되이 소비하는 것이다. 화자話者는 나타나엘에게 '열정'이란 그대를 닮은 것 옆에 절대 머물지 않고, 그곳을 떠나는 것이라고 말한다. '너의' 가족, '너의' 방, '너의' 과거보다 더 너에게 위험한 것은 없다는 것이다. 따라서 우리의 영혼을 다른 무엇보다도 열정의 불꽃으로 뜨겁게 타오르게 해야 한다.

미국에서 활동한 레바논의 대표적인 시인이자 철학자 칼릴 지브란^{Kahlil Gibran}은 『예언자』에서 '그대들의 이성, 또 열정이란 바다 위를 달리는 그대들 영혼의 키이며 돛'이라고 말한다. 만약 바다를 항해할 때 열정이라는 돛이나 키가 망가진다면, 우리는 바다 한가운데 내팽개쳐진 채 표류하거나 바람 부는 대로 떠밀려 다닐 수밖에 없다.

우리의 마음이 무엇을 원하는지 내면의 목소리에 귀를 기울여야 한다. 익숙한 것들과 결별하고 새로운 변화를 찾아 떠나는 순간 우리는 참된 삶을 지속할 수 있다. 우리의 영혼을 새로운 것들 속으로 흠뻑 젖어 들게 한다면, 새로운 존재로 다시 태어날 것이다.

'준비된 마음의 대기 상태'를 유지하라

앙드레 지드는 '기다림이란, 무엇이든지 받아들이기 위한 마음의 준비 상태를 유지하는 것'이라고 말한다. 마치 땅에서 불같이 뜨거운 바람이 솟아오르는 여름 동안 벌판이 비를 기다리듯이, 밤하늘의 별들이 하나씩 꺼져 가며 새벽을 기다리듯, 기다림은 오는 모든 것들을 기다려야 한다.

하지만 변화를 위한 기다림은 이미 자신이 가지고 있는 것을 발견하는 것이다. 우리는 완전히 다른 존재가 될 수는 없다. 변화하기 전에 먼저 자신이 어떤 존재인지, 또 무엇을 원하는지를 생각해 봐야 한다. 그래서 앙드레 지드는 "오직 그대에게로 오는 것만을 원해야 한다. 오직 그대가 가진 것만을 원해야 한다."라고 말한다.

나아갈 길이 불확실하기에, 삶은 괴로움으로 가득 차 있다. 생각해 보면 흘러가는 시간 속에서 선택이란 어떤 것을 택하든지 두려운 순간이다. 그래서 앙드레 지드는 '선택이 내게는 고르는 것이라기보다는 고르지 않는 걸 버리는 것'이라고 한다. 선택은 미리 준비된 사람의 몫이다. 왜냐하면 이것이냐 저것이냐 망설이는 순간, 시간은 우리에게서 멀리 달아나 버리기 때문이다.

선택은 오직 자기 자신만 발견하기 위한 것이고 자기 자신이 책임져야 한다. 만약 잘못된 선택으로 비록 후회한다고 하더라도, 결코 미래에서 과거를 다시 찾으려 하지 말아야 한다. 이것을 선택하면 저것이 아쉽고, 저것을 선택하면 이것이 아쉬운 것이 인생의 영원한 딜레마일 수밖에 없다.

휘황찬란한 것들이 가득한 시장에 들어섰지만 쓸 수 있는 돈이 너무 적어서, '하나'밖에 살 수 없는 것이 우리의 모습이라고 앙드레 지드는 말한다. 그리고 '그것밖에 소유'할 수 없는 운명을 받아들이고 그 무엇에도 집착하지 않고 열정으로 삶을 살며, 새로운 것이 나타나면 언제든지 받아들일 수 있는 대기 상태의 자세를 갖추라고 강조한다.

이성보다는 욕망에 충실하라

앙드레 지드는 『지상의 양식』의 머리글에서 나타나엘에게 나의 이야기를 읽고 난 다음에는 이 책을 던져버리고 밖으로 나가라고 말한다. 마지막의 헌정하는 말에서도 "나타나엘이여, 이제 나의 책을 던져 버려라. 너 스스로를 해방시켜라. 나를 떠나라. 나를 떠나라." 라고 다시 한번 반복한다. 책은 인생과 대면하는 데서 있을 수 있는 수많은 자세 중 하나에 불과하기 때문이라는 것이다.

걷고 싶은 욕망, 거기엔 하나의 길이 열리고,

쉬고 싶은 욕망, 거기엔 그늘이 부르고,

깊은 물가에서는 헤엄치고 싶은 욕망,

침대 가에 이를 때마다 사랑하고 싶은 욕망, 혹은 잠자고 싶은 욕망.

나는 대담하게 각각의 사물 위에 손을 내밀었고 내 욕망의 모든 대상에 대하여 권리가 있다고 믿었다. (그런데 사실은, 나타나엘이여, 우리가 바라는 것, 그것은 소유라기보다는 사랑인 것이다.) 내 앞에서 모든 것이 무지개처럼 빛나기를. 아름다움이 저마다 나의 사랑의 옷을 입고 나의 사랑으로 장식되기를.

네덜란드의 철학자 스피노자는 『에티카』에서 욕망이란 '자신의 존재 안에 남아 있으려고 하는 능력, 혹은 노력'이라고 정의한다. 욕망은 '코나투스^{conatus}', 다시 말해 삶에 대한 의욕이며 의지이고 충동이다.

걷고 싶은 욕망, 쉬고 싶은 욕망, 사랑하고 싶은 욕망, 혹은 잠자고 싶은 욕망 등은 결국 우리를 살아가게 하는 힘이다. 그래서 지드는 바닷가의 모래가 부드럽다는 것을 책에서 읽기만 하면 되는 것이 아니라고 말한다. 그는 맨발로 그것을 느끼듯이 감각으로 먼저 느껴야 하며, 직접 경험해 보지 못한 모든 지식은 아무 쓸모가 없다고 강조한다.

인간은 오래전부터 행복을 추구하는 삶을 살아왔다. 하지만 아무도 '행복한 삶이란 이러이러한 것이다'라는 명쾌한 답을 내놓지 못하고 있다. 그렇다면 우리는 더 근본적인 질문을 해 볼 수 있다. '과연 행복이란 무엇일까?' 우리는 이제 겨우 어렵게 행복한 삶을 시작하자마자 행복이 사라지는 경험을 종종 하기도 한다. 왜 행복한 감정은 지속되지 못하는 것일까?

그 이유에 대해서 프랑스의 철학자 알랭은 『행복론』에서 우리가 행복의 원인을 외부에서 찾기 때문이라고 한다.

행복이란 저 진열장 속의 물건처럼 골라서 돈을 치르고 가져올 수 있는 것이 아니다. (……) 외부에서 그 행복을 구한다면 결코 아무 데서도 모습을 드러내지 않을 것이다. 요컨대 행복에 대해서는 추측도 예견도 할 수 없다. 현재 가지고 있어야 하는 것이다. 미래에 행복이 있는 것처럼 여겨질 때는 잘 생각해 보라. 당신은 이미 행복을 가지고 있다. 기대를 갖는 삶, 이것은 행복한 존재이다.

우리는 이미 행복을 지니고 있다. 하지만 전 세계를 돌아다니며

내 안의 행복을 외부에서 찾으려 한다. 결국 우리는 늘 행복을 추구하고 행복해지려 끊임없이 노력하고 있다. 가만히 우리의 일상을 살펴보면 행복해지려 했던 행동들, 생각들, 대화들이 있을 것이다. 이런 것을 갖추고 있다면 우리는 이미 행복한 존재들이다.

행복은 전염되는 것이다. 우리 사회 전체가 행복해지려면 결국 나 자신부터 행복해야 한다. 나의 행복은 스스로 행복해지려는 의지에 달려 있다. 행복한 삶에 대한 의욕을 갖자. 그래서 알랭은 행복이란 '행복해지려고 하는 의지'를 갖는 일이라고 말한다.

자유

삶을 의식하는 순간
심장은 힘차게 고동친다

니코스 카잔차키스 『그리스인 조르바』

『그리스인 조르바』는 카잔차키스^{Kazantzakis}가 직접 만났던 실존 인물 '조르바'에 관한 이야기다.

이 작품의 화자인 '나'는 크레타 해안에 폐광이 된 갈탄광 한 자리를 임차했다. 이제부터 책벌레 족속들과는 거리가 먼 노동자, 농부 같은 단순한 사람들과 새 삶을 살기로 했다. '나'는 크레타섬으로 가기 위해 항구 도시 피레에프스에서 배를 기다리다가 조르바를 만났다. 움푹 들어간 뺨, 튼튼한 턱, 튀어나온 광대뼈, 잿빛 고수머리에다 눈동자가 밝고 예리한 조르바는 자신도 데려가 달라고 말한다. 도자기를 만들려고 물레를 돌리는 데 손가락이 거치적거린다고 손도끼로 잘라 버렸다는 조르바. 그를 만난 뒤 '나'의 심장은 지금껏 경험하지 못한 요동을 맛보게 된다. 삶은 살아 볼 만한 맛있는 경험임을 알게 된다.

카잔차키스는 그의 자서전 『영혼의 자서전』에서 자신의 삶을 가장 풍성하게 만든 것은 여행과 꿈이었다고 말한다. 또한 자신의 영혼을 고양시키고 삶의 진리를 깨닫기 위해 호메로스, 붓다, 니체, 베르그송의 책들을 탐독했다고 한다. 그는 조르바에게서 삶을 사랑하고 죽음을 두려워하지 말라고 가르침을 받았다며 이처럼 말했다.

굶주린 영혼을 만족시키기 위해 오랜 세월에 걸쳐 책과 선생들에게서 받아들인 영양분과, 겨우 몇 달 사이에 조르바에게서 얻은 꼿꼿하고 용맹한 두뇌를 돌이켜보면 나는 격분과 쓰라린 마음을 견디기 힘들다. 그가 나에게 한 말과, 나를 위해 그가 추었던 춤과, 갈탄을 찾는답시고 수많은 노동자와 크레타 해안에서 여섯 달 동안 땅을 파며 지내던 무렵 그가 나를 위해 연주한 산투르를 회상하면서, 내가 어찌 가슴 벅찬 흥분을 느끼지 않을 수 있겠는가? 우리 두 사람 다 현실적인 목표란 세상 사람들의 눈을 속이기 위한 먼지일 따름이라는 사실을 잘 알고 있었다.

조르바는 살과 피로 싸우고 죽이고 입을 맞추면서 삶을 온몸으로 부딪히며 살아온 자연인이다. 반면에 화자인 '나'는 고독 속에서 의자에 앉아서 펜과 잉크로 삶의 문제를 풀어 보려고 했던 지식인이다. 『그리스인 조르바』는 '나'와 조르바 사이의 대화를 통해 우리에게 어떤 삶을 살아야 할 것인지에 관해 이야기한다. 어떻게 살아야 할까? 그것은 진정한 행복이 무엇인지를 아는 것에서 해답을 찾을 수 있다. 사실 사람들 대부분은 진정한 행복이 무엇인지 잘 모른다. 행복을 엉뚱한 곳에서 찾고 있기 때문이다.

진정한 행복은 방해받지 않는 '자유'에서 온다

우리의 삶이 추구하는 행복은 우리가 원하는 바를 행하거나 경험하는 데에서 '방해받지 않음'으로 이루어진다. 방해받지 않는다는 것은 행복의 근원인 '자유'를 말한다. '자유'라는 개념은 어떻게 정의 내릴 수 있을까?

로마 제국 시대의 후기 스토아학파의 철학자인 에픽테토스Epictetus는 가난한 노예로 태어나 평생을 절름발이로 살았다. 가난했고, 노예였고, 신체적 불구로 평생 살 수밖에 없었다. 그는 『엥케이리디온』에서 자유에 대해서 이렇게 말했다.

존재하는 것들 가운데 어떤 것들은 우리에게 달려 있는 것들이고, 다른 어떤 것들은 우리에게 달려 있는 것들이 아니다. 우리에게 달려 있는 것들은 '믿음, 충동, 욕구, 혐오' 한마디로 우리 자신이 행하는 그러한 모든 일이다. 반면에 우리에게 달려 있지 않은 것들은 '육체, 소유물, 평판, 지위' 한마디로 말해서 우리 자신이 행하지 않는 그러한 모든 일이다. 게다가 우리에게 달려 있는 것들은 본성적으로 자유롭고, 훼방받지 않고, 방해받지 않지만, 우리에게 달려 있지 않은 것들은 무력하고, 노예적이고, 훼방을 받으며, 다른 것들에 속한다. 그러므로 만일 네가 본성적으로 노예적인 것들을 자유로운 것으로 생각하고, 또 다른 것에 속하는 것들을 너 자신의 것으로 생각한다면, 너는 장애에 부딪힐 것이고, 고통을 당할 것이고, 심란해지고, 신들과 인간들을 비난하게 될 것이라는 점을 기억하라.

에픽테토스는 사회적 신분이 노예였지만 진정한 자유를 삶의 모델로 추구하고자 했다. 즉, 외적 자유를 억압당했지만, 우리에게 달려 있는 것들과 관련해서 '영혼의 자유'를 마음껏 누렸다. 여기서 '우리에게 달려 있는 것'들이란 믿음, 충동, 욕구, 혐오와 같이 내면의 세계를 말한다. 다시 말해 그가 말하는 자유란 인간이면 누구나 누릴 수 있는 '정신적 자유'를 의미하는 것이다. 반면에 사회적 지위나 명예, 명성, 재산 등은 우리에게 달려 있지 않은 것으로 나 자신의 의지만으로 얻을 수 있는 것이 아니다.

우리에게 달려 있는 것과 달려 있지 않은 것의 기준은 우리의 의지로 통제할 수 있는가이다. 결국 에픽테토스가 말한 진정한 자유인이 되기 위해서는 자신의 힘으로 할 수 있는 것과 하지 못하는 것을 잘 분별해야 한다는 것이다.

『그리스인 조르바』에서 화자인 '나'와 조르바가 이별하는 장면에서, '나'는 스스로 자유롭다고 말하면서 조르바와 동행할 수 있다고 말한다. 하지만 조르바의 답변은 우리가 자유롭다고 착각하며 살아가고 있음을 깨닫게 한다.

"당신과 함께 어디론가 떠날 수도 있고. 나는 자유로우니까."

조르바가 고개를 가로저었다.

"아니요, 당신은 자유롭지 않아요. 당신이 묶인 줄은 다른 사람들이 묶인 줄보다 좀 길 거예요. 그것뿐이오. 두목, 당신은 긴 줄 끝에 매달려 있으니까, 이리저리 다니고, 그리고 그걸 자유라고 생각하겠지요. 그러나 당신은 그 줄을 잘라 버리지 못해요. 그런 줄은 자르지 않으면…….."

"언젠가는 자를 거요!" 내가 오기를 부렸다.

'나'는 언젠가는 그 줄을 잘라낼 거라고 말하지만, 조르바는 그것이 아주 어렵다고 말한다. 조르바는 자유롭고 싶다면 무식해야 하며, 자유로운 삶을 위해 모든 걸 걸고 도박할 수 있어야 한다고 말한다. 결국 진정한 정신적 자유를 얻기 위해 우리는 조르바처럼 할 수 있는 한, 영혼의 자유를 추구하는 삶을 살아야 한다. 그런 삶은 책을 통해서가 아니라 구체적이고 다양한 경험 속에서 이루어진다.

자기 자신 안에서 행복의 근원을 찾아라

돈, 명예, 권력을 통해 얻은 행복은 이런 것들이 없어지는 순간 그 행복도 함께 사라진다. 우리는 삶이 베푸는 것들에 자주 감탄하고 감동하며, 부족함 속에서도 행복을 찾아낼 수 있어야 한다. 들에 핀 꽃 한 송이에서도, 따뜻한 봄 햇살에서도, 따뜻한 차 한 잔에서도 소소한 행복을 발견해 보자.

진정한 행복이란 '야망이 없으면서도 세상의 야망을 다 품은 듯이 말처럼 뼈가 휘도록 일하는 것', '사람들에게서 멀리 떠나, 사람을 필요로 하지 않되 사람을 사랑하며 사는 것', '성탄절 잔치에 들러 진탕 먹고 마신 다음, 잠든 사람들에게서 홀로 떨어져 별은 머리에 이고 뭍은 왼쪽, 바다는 오른쪽에 끼고 해변을 걷는 것'이라고 말한다.

진정으로 행복한 삶이란 자신의 삶에서 이제 마지막 기적이 일어난 것처럼 먹고, 마시고, 노래하고, 춤추는 삶이다. 비록 불행의 그림자가 우리 뒤에 늘 따라다니고, 자질구레한 걱정거리들이 머릿속에 맴돌지라도, 행복해지는 방법은 자신의 운명을 사랑하는 것이다. 삶이 고난과 고통으로 불행할지라도 그 길을 그대로 받아들이고 담담히 걸어가라는 것이다.

지금 이 순간 행복하다는 것을 의식하라

우리는 행복을 경험하는 동안에는 그것을 의식하지 못한다. 오직 행복한 순간이 지나버리고 난 후 과거를 되돌아볼 때, 어느 날 갑자기 그 순간이 얼마나 행복했던가를 깨닫는다.

지금 이 순간 행복하다는 것을 아는 것이 중요하다. 삶의 순간순간이 얼마나 우리에게 놀라운 기적을 선사하고 있는지 깨달아야 한다. 그래서 화자인 '나'는 크레타 해안에서 행복했고, 나는 행복하다는 것을 자각하고 있었다고 말한다. 또한 행복이란 얼마나 단순하고 소박한 것인지 다시금 느꼈다는 것이다. 지금 여기에 행복이 있음을 느끼기 위해서 포도주 한 잔, 군밤 한 알, 허름한 화덕, 바다 소리 단지 그뿐이면 충분하다고 그는 말한다.

우리의 인생은 한 줄기 빛처럼 재빠르게 지나간다. 내 삶이 현재 행복한가하고 가늠하기엔 시간이 충분하지 않다. 톨스토이는 "과거는 이미 없는 것이며 미래는 아직 오지 않는 것이다. 시간은 존재하지 않는다. 그것은 단지 현재의 이 순간뿐이다. 그리고 그곳에, 그 순간에 우리의 모든 삶은 존재한다. 그러므로 우리는 이 한순간에 자기의 온 힘을 기울이지 않으면 안 된다."라고 말했다. 이러한 삶이 '카르페 디엠Carpe Diem'이다. 카르페 디엠은 '현재를 잡아라'로 번역되는 라틴어다. 이 말은 '현재를 즐겨라', '지금 이 순간에 충실하라'라는 뜻이다.

지금 이 현재의 삶에 집중해 보자. 지금 먹고 있는 음식, 지금 하는 일, 지금 내 눈앞에 있는 사람에 충실해야 한다. 조르바가 당차게 외치는 삶이 바로 그런 삶이다.

"새 길을 닦으려면 새 계획을 세워야지요! 나는 어제 일어난 일은 생각안 합니다. 내일 일어날 일을 자문하지도 않아요. 내게 중요한 것은 오늘, 이 순간에 일어나는 일입니다."

행복이란 마음속에서 바랄 때에만 행복해질 수 있다. 불행이나 불만, 불평 속에서 지내는 것은 어렵지 않다. 타인이 나를 즐겁게 해주기를 기다리기만 해서는 안 된다. 행복은 누군가 가져다주는 것이 아니라 스스로 찾아야 하는 것이다. 우리를 짜증 나게 하고 자신을 흔들고 있는 것들에서 벗어나 행복해질 것을 맹세해야 한다. 타인에게 행복을 주기 위해서는 자신의 마음속을 행복으로 가득 채워야 한다.

우리는 자신이 원하는 일을 하지 못한다는 절망에 빠졌을 때, 너무나 고통스러워 얼마나 마음의 평정을 찾을 수 없었던가. 자신을 얽어매고 있는 운명의 줄을 끊고 진정한 자유인이 되어 보자.

니코스 카잔차키스의 묘비명엔 이렇게 적혀 있다.

"나는 아무것도 원하지 않는다. 나는 아무것도 두려워하지 않는다. 나는 자유다!"

122

방황

노력하는 사람만이
방황한다

요한 볼프강 폰 괴테 『파우스트』

60여 년간 집필 끝에 완성된 『파우스트』. 주인공 '파우스트'는 높은 아치형 천장의, 비좁은 고딕식 방안에서 불안하게 책상 앞에 앉아 자신의 삶에 대해 푸념한다.

파우스트: 아! 나는 철학도

법학도, 의학도,

심지어는 신학까지도

온갖 노력을 다 기울여 철저히 공부하였다.

그러나, 지금 여기 서 있는 나는 가련한 바보.

전보다 똑똑해진 것은 하나도 없구나!

파우스트는 세상의 모든 지식을 배웠으나, 사실 아는 게 아무것도 없다는 걸 깨닫고 절망하여 가슴이 타 버릴 것만 같다고 말한다. 무언가 올바른 것을 알았다는 자부심도 없고, 인간을 선도하고 개선할 만큼 그럴싸한 걸 가르칠 자신도 없다. 또한 재산과 돈이 있는 것도 아니고, 그렇다고 이 세상의 명예와 영화도 누리지 못했다고 한탄한다.

그는 모든 즐거움도 사라지고, 모든 것이 헛된 것임을 깨닫고, 삶의 의지 없이 권태로움을 느끼는 지식인이었다. 지금까지 자신의 고통을 내려다보면서 삶에 대한 회의감과 당혹감으로 얼마나 잠 못 이룬 나날들이 많았던가. 결국 파우스트는 불안한 삶 속에서 안식을 찾지 못하고 역겨운 인생에 환멸을 느낀다.

절망은 죽음에 이르게 하는 병

살면서 한 번쯤은 파우스트처럼 절망에 빠져 자신의 삶을 포기하고 싶을 때가 있다. 덴마크의 철학자 쇠렌 키르케고르Søren Kierkegaard는 『죽음에 이르는 병』에서 '절망이란 죽음에 이르게 하는 병'이라고 정의한다. 절망의 고통이란 죽으려 해도 죽을 수도 없다는 사실에 있다. 절망하는 사람은 치명적인 병을 앓고 있는 환자의 상태와 비슷하다. 그는 누워서 죽음과 싸우고 있지만 죽을 수조차 없다. 파우스트는 이러한 절망적인 삶 속에서 죽음을 선택한다. 그 순간, 부활절 종소리와 합창의 노랫소리에 어린 시절의 추억이 되살아나 자살하려던 생각을 포기한다.

절망에 빠져 본 사람만이 '그 무엇인가'에 절망하고 있다는 사실을 안다. 우리가 절망할 때, 그 절망의 대상은 무엇인가. 키르케고르는 '그 무엇인가에 절망할 때, 그는 사실 자기 자신에게 절망한 것'이라고 말한다. 우리는 절망한 '자신'으로부터 벗어나고 싶은 것이다.

파우스트가 이렇게 절망한 자신에게서 벗어나 다시 새로운 삶을 원할 때, 때마침 악마 메피스토펠레스가 그의 앞에 나타난다. 메피스토펠레스는 이제껏 느껴보지 못한 더 많은 관능적이고 쾌락적인 삶을 선사할 테니, 파우스트에게 그의 영혼을 넘기라는 달콤한 계약을 제안한다.

파우스트: 나, 한가로이 침상에나 누워 뒹군다면

당장 파멸해도 좋으리라!

자네의 감언이설에 속아

자기도취에 빠지거나

관능의 쾌락에 농락당한다면,

그것은 내게 최후의 날이 될 것이다!

자, 내기를 하자!

메피스토펠레스: 좋습니다.

파우스트: 이건 엄숙한 약속이다!

내가 순간을 향해

'멈추어라! 너 정말 아름답구나!'라고 말한다면,

그땐 자네가 날 결박해도 좋아.

나는 기꺼이 파멸의 길을 걷겠다!

그땐 조종弔鐘이 울려도 좋을 것이요,

자넨 내 종살이에서 해방되는 것이다.

시계가 멈추고 바늘이 떨어질 것이며,

나의 시간은 그것으로 끝나게 되리라!

　결국, 자살 충동을 느낄 만큼 권태로운 삶에 빠졌던 파우스트는 악마 메피스토펠레스와 자신의 영혼을 파는 매매계약을 한다. 파우스트는 메피스토펠레스와의 만남을 통해 이제 정반대의 삶을 경험한다. 파우스트는 지금까지 학자라는 지식인 가면인 페르소나를 쓰고 살아왔다. 하지만 메피스토펠레스는 파우스트에게 관능적이고 황홀한 그림자와 같은 삶을 경험하게 함으로써 그에게 큰 변화를 일으킨다. 무지를 깨닫고 자신의 한계를 절감한 파우스트는 결국 메피스토펠레스와의 내기를 통해, 진정한 자기를 찾아가는 과정을 경험한다.

　그렇다면 자기 자신을 찾아가는 길은 무엇일까? 그것은 바로 '방황'이라는 단어에서 찾을 수 있다. 『파우스트』의 1부 앞에 「천상의

126

서곡」 편에서 메피스토펠레스가 주님에게 파우스트를 악마의 구렁텅이로 끌어내릴 수 있다며 내기를 제안하자, 주님은 메피스토펠레스에게 '인간은 노력하는 한 방황할 수밖에 없다'고 말한다.

비록 메피스토펠레스가 파우스트를 파멸시키기 위해 또 다른 세상으로 뛰어들게 했을지라도, 사실은 메피스토펠레스는 파우스트에게 무엇이 올바른 길인지 깨닫게 해 준 존재가 된 것이다. 메피스토펠레스는 그레트헨과 사랑, 헬레나와의 사랑을 통해 파우스트의 본능을 자극해 그를 파멸시킬 것을 장담했지만, 결과적으로 파우스트가 내기에서 승자가 되었다.

메피스토펠레스: 내기를 할까요? 당신은 결국 그자를 잃고 말 겁니다.

　　　　　허락만 해 주신다면

　　　　　녀석을 슬쩍 나의 길로 끌어내리리다.

주님: 그가 지상에 살고 있는 동안에는

　　　네가 무슨 유혹을 하든 말리지 않겠다.

　　　인간은 노력하는 한 방황하는 법이니까.

어떻게 절망에서 벗어날 수 있을까?

파우스트는 지식인으로서의 삶이 행복하지 못했다. 또다시 찾은 청춘의 삶도 영원하지 않았고, 그토록 갈망했던 그레트헨과 헬레나와의 사랑도 결국엔 모두 비극으로 끝나 버렸다. 파우스트는 두 번의 삶 모두 절망 그 자체였다. 그는 방황하는 삶을 살았고 어떤 순간에도 만족을 모르는 자로 살았다. 그래서 그가 나아가는 길엔 항상 행복 다음에 고통이 따랐다.

하지만 파우스트는 죽음에 이르는 병인 절망과 절망의 늪에서 구원받기 위해서 끊임없이 자신의 한계를 극복하려고 했다. 결국 그는 열쇠 구멍으로 들어온 '근심'의 여인의 저주로 장님이 된 이후에야 마음속에 밝은 빛을 갖게 되었다. 그리고 자신의 해안 지대 개간 사업으로 인해 수백만 명에게 땅을 마련해 줄 수 있는 것을 바라보며 주저 없이 악마 메피스토펠레스와 약속했던 "멈추어라, 너 정말 아름답구나!"라는 말을 외쳤다. 악마 메피스토펠레스는 자신이 내기에서 이겼다며 파우스트의 영혼을 가져가려고 한다. 하지만 그레트헨의 사랑 덕분에 그의 영혼은 신의 구원을 받는다.

파우스트: 나는 이러한 군중을 지켜보며,

자유로운 땅에서 자유로운 백성과 살고 싶다.

그러면 순간을 향해 이렇게 말해도 좋으리라.

"멈추어라, 너 정말 아름답구나!"

내가 세상에 남겨놓은 흔적은

영원히 사라지지 않을 것이다.

이같이 드높은 행복을 예감하면서

지금 최고의 순간을 맛보고 있노라.

우리는 대부분 파우스트처럼 절망을 경험한다. 하지만 자신이 절망에 빠져 있다는 사실조차 모르는 사람들도 있다. 키르케고르는 이렇게 자신의 절망에 대해 자각하지 못하는 사람이 절망 가운데 가장 위험한 형태라고 말한다. 왜냐하면 절망에 빠졌다는 사실을 모른다고 절망이 없어지거나 절망이 희망으로 바뀌지는 않기 때문이다. 자신의 절망 상태를 깨닫고 있는 이들은 스스로 회복할 수도 있는 것이다.

인생이란 바다에 첫발을 내딛던 지난날을 되뇌어볼 때 나의 가슴은 뜨거운 열정으로 얼마나 심장이 뛰었던가? 함께 기뻐했던 날들의 영상들이 한 편의 영화처럼 스쳐 지나간다. 가슴 저미는 추억으로 남은 첫사랑과 풋풋한 친구들과의 우정이 이젠 옛이야기처럼 되어버린 지금의 나. 그리스 신화에 나오는 미궁 라비린토스와 같은 인생의 미로 속에서 헤매며 순간의 행복만을 추구하며 보냈던 청춘의 시절이 이젠 아련한 추억이 되었다.

우리는 종종 출구를 찾기 힘든 삶에 갇혀 방황하기도 한다. 하지만 방황한다는 것은 그만큼 노력하고 있다는 의미가 될 수 있다. 또한 많은 것들에 대해 두려움을 갖고 있다. 질병, 가난, 실패, 외로움, 죽음, 다른 사람의 평가 등등. 하지만 실제로 우리가 가장 두려워하는 대상은 '변화'이며 그 과정을 통해 만나게 될 좌절들이다.

변화를 꿈꾼다는 것은 자기 자신을 송두리째 미지의 세계로 내던지는 것을 받아들이겠다는 뜻이다. 삶은 그런 진통을 겪을 때마다 자신이 생각지도 못했던 무언가를 얻는다. 그러므로 안전한 모든 것을 뿌리치고 고통스러운 변화를 겪는 것을 그리 두려워하지 마라. 고통의 굴레에서 벗어날 수 있게 해 주는 아리아드네의 실타래는 노력하는 사람에게만 주어지는 것이다. 삶이 스스로 힘으로 감당하기 어렵다고 느낄수록 변화를 꿈꾸자.

4장

살아 있음이
곧 기적이다

LITERATURE THAT
COMFORTS
MY LIFE

의지

파멸당할 수는 있어도
패배할 수는 없다

어니스트 헤밍웨이 『노인과 바다』

헤밍웨이의 마지막 작품인 『노인과 바다』에 나오는 주인공은 멕시코 만류에서 조각배를 타고 홀로 고기잡이하는 노인이다. 산티아고라는 이름의 이 노인은 84일 동안 고기 한 마리 낚지 못했다. 산티아고는 누가 뭐래도 틀림없이 '가장 운이 없는 사람'이 되었다. 조각배의 돛이 여기저기 밀가루 포대로 기워져 있는 것만 보아도 노인은 마치 영원한 패배자를 상징하는 듯 느껴진다. 노인은 희망도 기쁨도 없는 삶을 살고 있었다. 처음 40일 동안 함께 일하던 소년마저 그 부모의 반대로 노인을 떠나버렸다.

하루하루 견디기 힘든 고달픈 삶이지만 노인은 포기하지 않는다. 소년이 챙겨 준 정어리 미끼를 조각배에 싣고 홀로 바다를 향해 노를 저어 간다. 그러다 며칠간의 사투를 벌인 끝에 자신의 조각배보다 더 큰 청새치를 잡는다. 하지만 결국 상어 떼의 공격을 받아 고기 살점을 모두 빼앗기고 말았다. 상어 떼의 습격을 받고 노인은 청새치가 아니라 마치 자신이 습격받는 듯한 느낌을 받는다.

좋은 일이란 오래가는 법이 없구나, 하고 그는 생각했다. 차라리 이게 한낱 꿈이었더라면 얼마나 좋을까. 이 고기는 잡은 적도 없고, 지금 이 순간 침대에 신문지를 깔고 혼자 누워 있다면 얼마나 좋을까.

"하지만 인간은 패배하도록 창조된 게 아니야." 그가 말했다. "인간은 파멸당할 수는 있을지 몰라도 패배할 수는 없어." 하지만 고기를 죽여서 정말 안됐지 뭐야, 하고 그는 생각했다. 이제부터 정말 어려운 일이 닥쳐올 텐데 난 작살조차 갖고 있지 않으니.

고난과 역경을 이겨내는 것은 인간의 운명

'인간은 파멸당할 수는 있을지 몰라도 패배할 수는 없어.'라는 문장은 『노인과 바다』를 대표하는 가장 의미심장한 말이다. 사실 파멸과 패배의 의미를 이해하기가 쉽지는 않다. 사전적으로 파멸은 '파괴되고 없어짐'이고, 패배는 '겨루어서 짐'이란 뜻이다. 그렇다면 위 문장은 인간은 파괴되고 없어질 수는 있을지 몰라도 겨루어질 수는 없다는 뜻이다.

『노인과 바다』라는 제목에서 알 수 있듯이 노인은 우리 인간을, 바다는 우리가 살아가는 이 세상을 의미한다. 다시 말해 우리 인간은 드넓은 바다라는 세상에서 청새치라는 삶의 목표를 잡기 위해 고난과 역경을 이겨내야 할 운명이다.

노인이 항구로 돌아왔을 때 자신의 조각배 고물 뒤쪽에 매달린 고기는 상어 떼에 살점을 모두 뜯겨 앙상하게 뼈만 남은 상태였다. 노인은 소년에게 다음과 같이 자신의 패배를 인정했다.

"그놈들한테 내가 졌어. 마놀린. 놈들한테 내가 완전히 지고 만 거야."
노인이 말했다.
"할아버지가 고기한테 지신 게 아니에요. 고기한테 지신 게 아니라고요."
"그렇지. 정말 그래. 내가 진 건 그 뒤였어."

소년은 노인에게 패배한 게 아니라고 두 번씩이나 말하면서 노인을 위로한다. 그런데 헤밍웨이는 이 작품을 통해 왜 인간은 파멸당할 수는 있지만, 절대로 패배할 수는 없다고 말한 것일까?

우리의 삶은 죽음을 전제하기 때문에, 결국 미래 언젠가 파멸할 운명을 타고났다. 인간은 누구나 파괴되고 언젠가는 없어질 존재이기에 삶은 허무함 그 자체다. 인간의 '존재의 허무성'에 대해 독일의 염세주의 철학자인 쇼펜하우어Arthur Schopenhauer는 이렇게 말했다.

존재의 허무성은 존재의 형태 속에 스스로 나타나 있다. 즉, 존재의 허무성은 육체를 지닌 개체의 유한성과 대조를 이루는 시간과 공간의 무한성 속에, 현실성의 유일한 형태인 재빨리 사라져 버리는 현재 속에, 모든 사물의 상호 의존성과 상대성 속에, 존속이 없는 끊임없는 변화 속에, 만족이 없는 끊임없는 욕망 속에, 인생을 이루고 있는 노고의 끊임없는 좌절 속에 스스로 나타나 있다.

시간과 공간은 무한하지만, 육체를 지닌 우리 인간은 언젠가 죽음을 맞이할 수밖에 없는 유한한 존재다. 또한 끝없는 변화 속에서 영원한 것을 찾을 수 없다. 현재에 만족하지 못하고 끊임없이 솟아오르는 욕망을 달성하기 위해 노력하지만, 결국 인간은 절망에 빠질 수밖에 없다. 쇼펜하우어는 이렇게 좌절하는 삶 속에서 존재의 허무성이 나타난다고 말한다.

누구나 영원히 살 것처럼 생각하며 산다. 항상 보다 좋은 것을 꿈꾸며 살기도 하고 동시에 과거에 놓쳐 버린 것들에 대해 후회와 고통 속에 살기도 한다. 하지만 우리 인생은 지금 말하는 순간 영원히 과거 속으로 흘러가 버린다. 생존을 위해, 살기 위해 발버둥을 치다가 결국 대부분 자신의 삶을 즐기지도 못한 채 공허한 삶만 살다가 생을 마감한다. 그래서 쇼펜하우어는 '인간의 생애는 희망에 의해 끊임없이 기만당하면서 죽음의 품속으로 뛰어드는 것'이라고 말한다. 우리의 삶이 슬픈 것은 결국 시간에 얽매인 삶을 살기 때문이다. 그럼에도 불구하고, 절대로 자신의 고통스러운 삶과 겨루어서 무릎을 꿇어서는 안 되는 존재라는 것을 헤밍웨이는 말하고 있다. 왜 우리는 어차피 죽음에 이르는 유한한 삶을 살면서 닿을 수 없을 것 같이 요원한 희망을 좇는 것일까?

삶에의 맹목적 욕망에서 벗어나려면

대개 길을 잃거나 막다른 길에 다다랐다는 생각이 들 때 우리는 무엇을 해야 할지 모른다. 삶에 갇힌 것처럼 느껴질 때 우리는 어떻게 해야 할까. 여기서 쇼펜하우어의 '염세주의' 철학이 떠오른다. 염세주의 철학이 지향하는 가장 궁극적인 목표가 바로 '생의지의 부정'이다.

왜 쇼펜하우어는 우리에게 생의 의지를 부정하라고 말하는 것일까? 그것은 바닷물 속에 빠졌을 때 허우적거리기보다 차라리 힘을 빼고 바닥에 닿아야 다시 떠오를 수 있는 것과 같지 않을까? 고뇌와 고통스러운 현실의 삶 속에서 살고자 하는 의지가 강할수록, 그 고통은 더 커지는 것을 알 수 있다. 이럴 때 모든 것을 내려놓고 체념의 상태에 도달할 때 마음이 더 편안해지고 평정을 되찾을 수 있다.

결국 생의 의지를 부정하는 '순수한 의지'는 자신의 삶에 연연하지 않고 조용한 상태에 머물 수 있는 상태를 말한다. 이는 불교의 가르침으로 말하면 해탈의 경지에 이르는 것이다. 우리는 쇼펜하우어의 철학이 깨달음의 철학임을 알 수 있다.

사람들 대부분은 죽음에 이르러 자신의 생애를 되돌아보고 참으로 허무하게 살아왔음을 뒤늦게 후회한다. 아마도 노인 역시 죽을만큼의 고통을 겪으며 청새치를 낚았지만 결국 남아 있는 것이 마치 노인의 폐부를 찌를 듯이 날카로운 가시뿐임에 허탈함을 느꼈을 것이다. 하지만 노인은 이를 패배라고 생각하지 않는다. 그리고 바다로부터 피와 살을 죄다 뜯긴 채 오두막으로 돌아온 뒤 배에서 꾸벅꾸벅 졸 때마다 꾸고 싶어 했던 사자의 꿈을 꾼다. 이 꿈은 일종의 암시와 같다. 이미 운이 다 하고 힘을 잃은 노인이지만 그가 가진 정신과 인생에 대한 열정만큼은 사자처럼 강렬하고 용맹스럽다는 것. 인간은 파멸당할지언정 패배하지 않는다는 것.

우리 역시 노인처럼 남은 삶을 깨닫는 삶으로 바꾸고 싶어 한다. 이대로 인생무상을 되뇌이며 시간이 흘러가는 대로 남은 생을 살고 싶지는 않다. 그렇다면 우리는 무엇을 해야 할까. 이번 생을 잘 사느냐 못 사느냐는 무엇에 달려 있는 것일까. 관건은 어떻게 생의 의지를 부정하고 '순수 의지'로 삶을 계획하느냐에 있다.

리처드 바크Richard Bach의 『갈매기의 꿈』에는 '가장 높이 나는 갈매기가 가장 멀리 본다'는 유명한 격언이 나온다. 주인공 갈매기인 조나단 리빙스턴은 삶을 바라보는 태도가 다른 갈매기와 남달랐다.

대개의 갈매기에게 중요한 것은 비행이 아니었다. 그들에게 비행이란 단지 먹이를 찾는 수단일 뿐이었다. 하루 하루 먹고살기 위해 치열한 생의 의지를 불태우지만 허탕을 치는 날들이 많았고 그런 일을 겪은 갈매기들은 쉽게 지쳐갔다. 하지만 조나단에게 중요한 것은 먹이가 아니라 비행이었다. 순수한 의지로 삶을 계획한 조나단은 무엇보다도 멋지게 비행하기를 좋아했다.

조나단은 완벽하고 한계가 없는 갈매기가 되기 위해 매일 해 뜨기 전부터 한밤중까지 혹독하게 비행을 수련했다. 그가 동료 갈매기들 무리에서 떠나 여생을 홀로 보냈지만, 그가 슬픈 것은 고독 때문이 아니었다. 다른 갈매기들이 조나단의 멋진 비행 수련에 공감해 주지 않았기 때문이다. 그들에게 있어 날개란 단지 먹이를 찾고 먹이로 인한 다툼이 일어날 때 사용하는 수단일 뿐이었다.

일상의 사사로운 사건들에 연연하다가 정작 아무것도 깨닫지 못한 채 살아갈 것인가? 중요한 것은 이번 생을 잘 사느냐 못 사느냐가 무엇에 달려 있는지에 대한 해답을 찾아내야 한다. 인생의 허무함을 깨닫는 자만이 그 허무함을 극복할 수 있다.

오늘이 살면서 최악의 날일 수도 있다. 어쩌면 내일은 오늘보다 더 나쁠지도 모른다. 하지만 머나먼 목적지를 향해 항해하는 배처럼 우리의 인생은 오로지 전진만 있다. 세이렌의 매혹적인 노랫소리를 듣기 위해 항로를 변경하지 않고 자신을 돛대에 꽁꽁 묶었던 오디세우스처럼 말이다.

삶은 따뜻한 봄날에 꾸는 꿈이고, 죽음은 그 꿈에서 깨어나 깨달음을 얻는 순간일지도 모른다. 내가 다른 무엇보다도 특별한 존재라고 생각하는 것 자체가 헛된 것인지도 모른다. 드넓은 인생이라는 바다에서 오늘도 나는 절망하지 않은 채 하루하루 살아간다.

쇼펜하우어는 삶은 고통으로 적당히 거리를 두고 바라보라고 한다. 다시 말해 우리 인생의 광경들은 가까이에서 보면 마치 아무런 인상도 주지 못하는 거친 모자이크 그림과 같으므로 그것들이 아름답다는 것을 깨닫기 위해서는 멀리 떨어져 바라보아야 한다는 것이다.

눈앞에 보이는 물질적인 것들에만 매달리지 말고, 눈에 보이지 않는 내면의 꿈과 이상을 향해 더 높이 비행하며 살아가자. 눈앞에 이익만 추구하며 아웅다웅 살지 말고, 가장 높은 경지로 날아가 고결한 존재가 되어 보자. 삶에서 가장 중요한 것은 남들이 나의 결심을 비웃고 경멸할지라도, 꿋꿋하게 자신이 원하는 삶을 살겠다는 내면에서 나오는 의지에 있다. 그런 의미에서 『노인과 바다』의 마지막 부분은 우리에게 깊은 울림을 준다.

노인은 바다에 죄다 뜯긴 청새치 시체를 매달고 오두막으로 돌아와 깊은 잠에 빠진다. 소년 마놀린은 다른 어부들에게 그를 깨우지 않도록 당부하고 그가 깨어나면 바로 먹을 수 있도록 커피와 음식을 준비한다. 그리고 노인이 깨어나자 그를 찾기 위해 해안 경비선과 비행기까지 출동했음을 알린다. 노인은 비록 그럴듯한 청새치 사냥엔 실패했을지라도 제대로 된 인생을 살았다고 느꼈을 것이다. 곁에는 늘 응원해 주는 소년이 있고 따끈한 커피가 있고 그를 걱정해 주는 어부들이 있다. 까짓 청새치쯤이야 뜯겨도 괜찮다. 이 정도면 멋진 인생이 아닐까?

기적

길을 잃고서야
자신을 발견한다

생텍쥐페리 『인간의 대지』

『인간의 대지』는 생텍쥐페리가 우편 비행기 조종을 하면서 겪었던 일들과 이를 통한 사색의 결과를 산문으로 승화시킨 작품이다. 특히 이 작품은 1935년 비행 도중 길을 잃고 이집트 사막에 불시착한 그의 경험을 바탕으로 했기에 사막의 신기루와 싸우면서 갈증으로 죽어 가는 인간의 심리 묘사가 탁월하다.

생텍쥐페리가 두려움에 가슴 떨었던 첫 비행의 순간, 고독한 야간 비행, 사하라 사막과 안데스산맥을 비행하던 동료들, 사막 한복판에 불시착해 구조된 체험들은 '험난한 삶에 대한 메타포'이다.

생텍쥐페리에게 비행기 조종사라는 직업은 자기 자신을 찾기 위한 수단이었다. 사막에 불시착해 고립된 경험을 한 후 삶의 가치를 깨달은 그는 자신의 심장에서 우러나오는 내면의 목소리에 더욱 귀를 기울인다. 생텍쥐페리는 농부가 땅을 갈아서 자연의 비밀을 조금씩 캐듯이 우리도 사막 즉, 대지의 장애물들과 겨루며 자신을 발견하라고 말한다.

대지는 우리 자신에 대해 세상의 모든 책들보다 더 많은 것을 가르쳐준다. 이는 대지가 우리에게 저항하기 때문이다. 인간은 장애물과 겨룰 때 비로소 자신을 발견한다. 하지만 이를 이루기 위해서는 연장이 필요하다. 대패나 쟁기가 필요한 것이다. 농부는 땅을 갈면서 자연의 비밀을 조금씩 캐낸다. 그가 캐내는 진리야말로 보편적이다. 이와 마찬가지로 인간은 항공로의 연장인 비행기를 통해 모든 오래된 문제와 직면하게 된다.

가혹한 운명에 맞서게 하는 힘

너무나도 많은 사람이 그저 삶을 포기한 채 잠든 상태로 살아간다. 왜 우리는 바람, 모래, 별과 관계를 맺기 힘든 것일까? 자신의 운명과 맞서 싸우는 것이 그토록 고통스러운 것일까? 누구나 살면서 견디지 못할 만큼 힘든 시기가 온다. 오늘도 내일도, 그리고 모레도 예상치 못한 괴로운 일들이 기다리고 있을지도 모른다.

또한 타인과 보조를 맞추기 위해 필사적으로 서두르다가 정작 자신이 가야 할 길을 잃고 방황하기도 한다. 그리고 모든 것을 걸었던 사람은 실패와 좌절로 모든 것을 잃기도 한다.

생텍쥐페리는 언젠가 조종실에 갇혀 익사할 뻔한 적도, 몇 번 머리가 깨진 적도 있었다. 특히 사막 한복판에서 길을 잃고 절망의 밑바닥에 이르렀다고 생각했던 순간도 있었다. 그때마다 생환할 수 있었던 것은 그 순간에 가족을 생각했기 때문이다. 안데스 횡단을 시도하다가 실종된 적이 있었던 그의 동료 기요메는 이렇게 말했다.

눈 속에서는 생존 본능이라는 게 사라진다네. 이틀, 사흘, 나흘을 걷고 나면 자고 싶은 생각만 간절해지거든. 나도 그랬어. 하지만 나는 스스로에게 이렇게 말했지. '내 아내는 생각하겠지. 만약 내가 살아 있다면 걸을 거라고. 동료들도 내가 걸을 거라고 믿을 거야. 그들은 모두 나를 믿고 있어. 그러니 걷지 않는다면 내가 나쁜 놈인 거야.' 이렇게 말이야.

비록 내일이면 이보다 더 이상한 일을 겪을지도 모르지만 견디지 못할 것은 없었다. 단 하나만 빼고는 말이다. 너무나 고통스럽고 절망적이어서 희망 같은 건 어디에도 없는 순간에도 자신을 걱정하고 기다리고 있을지도 모르는 이들의 눈들이 떠오를 때마다 불에 덴 듯 고통스러웠다고 그는 말한다. 그것은 바로 책임을 지는 것이다. 이러한 '책임 의식'은 인간에게 힘을 불어넣어 주며, 가혹한 운명조차도 감히 맞서서 싸울 수 있는 용기를 불러일으킨다. 생텍쥐페리가 사막에 고립되어 생명을 위협받는 극한 상황에서도 사막을 벗어나기 위해 한 걸음씩 나아갈 수 있었던 이유는 바로 강한 '생의 의지'를 소유하고 있었기 때문이다.

우리는 조각난 삶의 파편들 속에서 기적이 일어나기를 기대한다. 기적은 사랑이 이미 내 안에 현존하고 있음을 느낄 때 일어난다. 다시 말해 기적은 사랑을 표현할 때 일어나는 체험이다. 아침에 눈을 뜨자마자 가까운 사람에게 어떤 사랑의 기쁨을 줄 것인지 상상하라. 그러면 기적으로 가는 길이 열리게 된다. 그래서 『인간적인 너무나 인간적인』에서 니체는 하루하루를 잘 시작할 수 있는 가장 좋은 수단은 눈을 뜨면서 그날 적어도 한 사람에게 어떤 한 가지 즐거움을 줄 수 있을지에 대하여 생각하는 일이라고 말한다.

기적이란 밖에서 무엇인가 변하길 바라는 것이 아니라, 자신의 내면에서 무엇인가가 변하길 기대하는 것이다. 자신의 운명에 대해 괴로워하고, 끊임없이 과거의 상처에 스스로 연민하면서 자기 자신을 괴롭히지 말자. 기적은 과거나 미래가 아닌 현재에 일어나는 것이기 때문이다. 과거나 미래에 대한 근심과 걱정에서 벗어나 현재만을 생각해야 한다. 마치 생텍쥐페리가 이집트 사막에 불시착해 갈증으로 죽어갈 무렵, 동료 프레보가 파편들 속에서 기적적으로 남아있던 오렌지 하나를 나눠 먹으며 감격했던 것처럼 말이다. 기적이란 사소한 오렌지 반쪽에서도 큰 기쁨을 느낄 수 있을 때 찾아온다.

프레보가 파편들 속에서 기적적으로 남아 있는 오렌지 하나를 발견했다. 우리는 그것을 나누었다. 오렌지 하나에 나는 감격했다. 하지만 그렇더라도 물 20리터가 필요한 시점에 그건 너무 적은 양이었다.

나는 우리의 어둠을 밝히는 불 옆에 누워 그 빛나는 과일을 바라본다. 그리고 이렇게 스스로에게 뇌까린다.

"사람들은 오렌지 한 개가 어떤 의미인지 알지 못해……."

또 이렇게도 말했다.

"우리는 사형을 선고받았어. 그렇다고 이 확실한 사실 때문에 내 즐거움이 없어지는 건 아니야. 내 손에 쥐고 있는 이 오렌지 반쪽이 내 생애 가장 큰 기쁨 중 하나를 가져다주었거든……."

나는 등을 대고 드러누워 나의 과일을 쪽쪽 빨아 먹는다. 별똥별을 하나둘 세어본다. 잠시 나는 한없이 행복해진다. 나는 또 혼잣말을 한다.

"우리가 살고 있는 세상의 이치란 것은 그 속에 갇혀보지 않고서는 짐작도 할 수 없는 것이지."

사랑한다는 것은 함께 같은 곳을 바라보는 것

생텍쥐페리는 비행할 때마다 저 높은 하늘 위에서 대지를 바라보면서 어떤 생각을 했을까. 그는 "계절은 흘러가고 사람들은 먼 곳에 붙들려 있다. 그래서 대지의 보물은 모래언덕의 가는 모래알처럼 손가락 사이로 스르르 빠져나간다."고 말한다. 인간은 대지 위에서 그 소중함을 모른 채, 안이한 삶에 젖어 연약한 존재로 살아가고 있다.

지구별에 살면서 인간이라면 누구에게나 공평하게 주어지는 것들, 예를 들면 사랑, 우정, 건강, 꿈, 시간 등 눈에 보이지 않는 소중한 것들을 잃어버린 채 말이다. 생텍쥐페리가 사막에서 마지막 양식인 오렌지를 나눠 먹으며 동료와 기쁨을 느꼈듯이, 동료와 함께할 수 있다면 인생 길이 훨씬 수월할 것이다.

그 동료란 나의 아내 또는 남편과 같은 가족일 수도 있고, 친구나 스승일 수도 있다. 도달해야 할 정상을 향해 한 줄로 연결되어 나아갈 때 길을 잃어도 우리는 숨을 쉴 수 있다.

우리 외부에 있는 공동의 목적에 의해서 형제들과 이어질 때, 오직 그때에만 우리는 숨을 쉴 수 있다. 우리는 경험을 통해 알고 있다. 사랑한다는 것은 서로가 서로를 바라보는 것이 아니라 같은 방향을 함께 바라보는 것임을. 동료란 도달해야 할 같은 정상을 향하여 한 줄로 묶여 있을 때에만 동료이다.

생텍쥐페리는 사랑한다는 것은 서로가 마주 보는 것이 아니라 같은 방향을 함께 바라보는 것이라고 말한다. 같은 방향을 함께 바라보는 것은 어떤 의미일까? 삶이란 앞을 향해 함께 걷는 것이기 때문에 서로 얼굴만 마주 보고 있다면 앞으로 나아갈 수 없다. 우리가 마주해야 하는 것은 상대방이 아니라, 자기 자신과 자신이 안고 있는 문제점이다.

같은 목적지를 향해 함께 걷는 사람은 계속해서 앞으로 나아가야 한다. 물론 그 길이 평탄하지만은 않다. 삶의 길은 오르막과 내리막의 연속이다. 오르막길은 우리를 절망에 빠뜨릴 수도 있지만 시련을 극복하고 평탄한 길을 만나면 삶의 참된 보람을 느낄 수 있다. 걸음 걸음마다 밀려왔던 고통은 자기 자신을 단련시키는 연금술이다. 이러한 정신적 시련을 극복한다면 새로운 앎을 통해 해방감을 느끼게 된다.

우리의 삶은 각각의 단계를 통과해야 한다. 세상의 위험과 고통이라는 시험을 극복해야 한다. 손에 손을 잡고 한 사람이 뒤처질 때 앞으로 끌어주고 뒤에서 밀어주면서 걸어 보자.

하늘을 비행하면서 '대지'를 관찰한 생텍쥐페리처럼 『월든』의 저자 헨리 데이비드 소로는 호숫가 땅에 손수 오두막을 짓고 자연 속에서 단순하고 자급 자족적인 삶을 성찰한 사람이다. 그가 숲속으로 들어가기로 결심한 이유는 숨을 거둘 때 깨어 있는 삶을 살기 위해서였다고 말한다.

그는 월든 호숫가 숲속 생활에서 "삶을 자신의 의지대로 살아 보자."라는 분명한 목표가 있었다. 단순히 유유자적하며 자연을 예찬하기 위해서거나 시골 생활을 동경해서가 아니라, 영적 삶을 추구하기 위한 것이었다. 소로는 깨달음을 얻기 위해 직접 집을 짓고 경작하며 독서와 사색 그리고 산책을 하면서 하루하루를 보냈다.

소로는 삶의 방식은 원의 중심에서 그릴 수 있는 반경半徑의 수만큼 무한하다고 말한다. 수많은 길이 있기에, 가야 할 길을 잃고 헤맬 수 있다. 하지만 중요한 것은 계속해서 제대로 된 길을 찾을 때까지 걸어야 한다는 것이다. 그래서 생텍쥐페리는 "어제 나는 희망도 없이 걸었다. 오늘은 희망이라는 단어의 뜻조차 잊었다. 오늘 우리는 걷기 때문에 걷는다."라고 말했다.

그는 영원히 길을 잃어 절망의 밑바닥에 이르렀다는 체념을 받아들이자 평화를 알게 되었다고 말한다. 그때 우리는 자기 자신을 발견하고 자신의 친구가 될 수 있다. 한마디로 길을 잃고 난 후에야 자신의 삶에서 무엇이 가장 중요한지, 또 어떻게 그것을 얻을 수 있는지를 깨닫는다. 이 과정에서 진정한 자신을 발견하기 시작한다. 생텍쥐페리가 오직 '정신'만이 진흙에 숨결을 불어넣어 '인간'을 창조할 수 있다고 말한 것은 이 때문이 아닐까.

선택

"인생은 B와 D 사이의
C이다"

장 폴 사르트르 『구토』

로캉탱은 아이들이 물수제비뜨기 놀이를 할 때, 자신도 그 애들처럼 돌멩이 하나를 바다에 던지고 싶었다. 넓적하고, 한쪽 면 전체는 말랐고, 다른 쪽은 축축하고 진흙이 묻어 있던 돌멩이를 잡았을 때 바로 그 순간, 역겨움을 느꼈다. 그 당시에는 원인을 몰랐지만, 그는 이제 알았다.

물체들은 살아 있지 않기 때문에 다른 것을 만질 수 없어야 마땅하다. 우리는 그것을 사용하고, 사용한 후에는 제자리에 두고, 그것들 가운데에서 살아간다. 그것들은 유용한 것일 뿐, 그 이상은 아무것도 아니다. 그런데 내게는 다르다. 그것들은 나를 만지는데, 이게 견딜 수 없이 느껴진다. 난 마

149

치 살아 있는 짐승들과 접촉하듯 그것들과 접촉하는 것이 두렵다.

이제 알겠다. 내가 언젠가 바닷가에서 그 돌멩이를 들고 있었을 때의 느낌이 분명히 생각난다. 그것은 일종의 달착지근한 욕지기였다. 얼마나 불쾌한 느낌이었던가! 그 느낌은 분명히 돌멩이로부터 왔다. 돌멩이에서 내 손으로 전해지고 있었다. 그래, 그거였다. 바로 그거였다. 손안에 느껴지는 일종의 구토증이었다.

『구토』의 주인공 앙투안 로캉탱은 연금생활자로 특별한 직업도 없이 여러 지역을 여행한 후 3년 전부터 역사 속 인물에 관한 전기를 쓰는 작업을 위해 부빌이라는 도시에 정착해 살고 있었다. 그는 아내도, 자식도 없었다. 도서관과 카페만 오가는 고독하고 단조로운 시간을 보내지만, 이따금 구토증에 시달렸다.

문손잡이를 잡으며, 타인의 얼굴을 보면서, 바닷가에서 주운 돌멩이에서, 자주 가는 카페에서 맥주잔을 쥐면서, 아돌프의 연보라색 멜빵을 보면서, 땅에 떨어진 종이쪽지를 집으려고 하면서 주위의 곳곳에서 구토를 느낀다. 구토감에서 유일하게 해방되는 순간은 바로 카페에서 낡은 축음기로 틀어주는 〈섬 오브 디즈 데이스(Some of these days)〉라는 노래를 들을 때다.

사르트르가 말하고 싶었던 로캉탱의 구토가 갖는 의미는 무엇일까?

존재의 부조리로 인한 허무감

어느 날 로캉탱은 공원에서 마로니에 나무의 뿌리가 벤치 바로 아래의 땅에 박혀 들고 있는 모습을 보다가 구토증을 느낀다. 그리고 자신의 구토를 느끼는 열쇠를, 자기 삶의 열쇠를 발견했다는 것을 깨닫는다. 그것은 바로 존재의 '부조리'였다.

나는 구토를 이해하고, 그것을 소유하고 있었다. 사실 그때 나는 내가 발견한 것들을 자신에게 명확하게 설명하지 않았다. 하지만 지금은 그것들을 쉽게 말로 표현해볼 수 있다고 생각한다. 핵심은 우연성이다. 그러니까 내 말은, 정의定義상 존재는 필연이 아니라는 뜻이다. 존재한다는 것, 그것은 간단히 말해서 여기 있는 것이다. 존재하는 것들은 나타나고, 누군가와 마주치게 되지만, 결코 연역될 수 없다. 난 이점을 이해한 사람들이 있었다고 생각한다. 다만 그들은 스스로의 원인이 되는 필연적 존재를 꾸며냄으로써 이 우연성을 극복하고자 했다. 그런데 그 어떤 필연적 존재도 존재를 설명할 수 없다.

사르트르는 로캉탱의 이렇게 다양한 구토 현상을 통해 존재하는 모든 것들의 존재 이유를 설명하고 싶었던 것 같다.

로캉탱은 공원에서 마로니에 나무의 뿌리를 보았을 때, 단순히 여기 있을 뿐이며, 존재하는 모든 것들은 존재하는 데 '아무런 이유'가 없고 우연적이므로 이것은 '부조리'라고 말한다. 스스로의 존재 이유도 모른 채, 아무런 목적도 없이 우연히 이 세상에 던져진 존재로서의 인간은 그 존재의 부조리로 인한 허무감 때문에 구토를 일으킨다는 것이다.

사르트르의 『구토』를 이해하기 위해서는 그가 말한 '실존주의'가 무엇을 의미하는지부터 알아야 한다. 사르트르는 『실존주의란 무엇인가』에서 '실존은 본질에 앞선다'는 실존주의의 제1원리로 실존주의가 무엇인지 설명한다. 여기서 본질이란 존재의 이유나 목적을 말하고, 실존이란 단순히 여기에 있음을 의미한다.

사르트르는 모든 존재는 두 개의 범주, 즉, '즉자'와 '대자'로 나눈다. 즉자적 존재는 사람을 제외한 모든 사물을 가리키며, 대자적 존재는 인간을 가리킨다. 즉자적 존재의 예로, 책이나 종이, 칼과 같은 것이 있다. 일정한 쓰임새를 생각하고 만들어진 물체를 말한다. 즉자적 존재인 책과 종이, 칼 등은 그것을 만든 이유와 목적이 먼저 존재한 후에 만들어진다. 그래서 즉자적 존재는 본질이 실존에 앞선다고 할 수 있다.

반면, 대자적 존재인 인간은 '실존이 본질에 앞선다'고 말한다. 즉, 인간은 먼저 실존한 다음 세계 안에서 만나게 되며, 세계 안에 불쑥 나타나 나중에 정의된다. 실존주의에서 보는 인간은, 실존한 뒤에 나중에 인간이 된다는 것이다. 따라서 실존주의가 생각하는 인간은 처음에는 아무것도 아니다. 인간은 이 세상에 태어날 때 구체적인 인간상이 없었다. 인간은 그 본질 즉, 목적이나 이유가 정해져 있지 않은 채로 이 세상에 내던져진 존재다. 자신이 처한 상황에서 존재의 이유와 의미를 만들어가는 주체가 바로 인간이다. 그래서 사르트르는 '인간은 자유이다. 인간은 자유 그 자체'라고 말한다. 하지만 자유에는 책임이 따르는 법이다.

난 자유다. 이제 살아야 할 그 어떤 이유도 남아 있지 않다. 내가 시도해본 이유들은 다 실패했고, 더 이상 다른 이유들을 상상할 수 없다. 난 아직 젊고, 다시 시작할 수 있는 힘이 충분하다. 하지만 다시 시작해야 하나? 가장 극심한 두려움과 가장 끔찍한 구토가 찾아왔을 때, 안니가 날 구해 줄 거라고 얼마나 기대했었는지 이제야 알겠다. 내 과거도 죽고, 룰르봉 씨도 죽었고, 돌아온 안니는 내 모든 희망도 앗아갔을 뿐이다. 나는 정원들에 둘러싸인 이 하얀 도시에서 혼자다. 혼자고 자유다. 하지만 이 자유는 조금은 죽음과 비슷하다.

오늘 나의 삶은 끝났다. 내일 나는 발밑에 펼쳐진, 내가 오랫동안 살았던 이 도시를 떠날 것이다.

자유로운 존재로서 책임을 질 때 삶이 성장한다

인간은 미래에 이렇게 되고 싶다고 던지는 것으로 자신의 본질을 만들어 갈 수는 있으나, 스스로 선택한 자기 자신에 대하여 전적으로 책임을 져야 한다. 이 말에는 불안, 고독, 절망 등과 같은 허무감이 포함되어 있다. 그래서 사르트르는 인간은 '자유'라는 형벌에 처해 있다고 말한 것이다.

특히 그는 실존주의자 가운데 무신론적 실존주의자이기 때문에 인간은 자기가 선택한 모든 일에 스스로 책임을 져야 한다고 주장한다. 의지할 곳도 달아날 핑계도 찾을 수 없는 인간은 고독하다. 『구토』에서 로캉탱이 느끼는 구토 현상은 바로 대자적 존재로서 인간이 느끼는 허무함 또는 공허함이라고 할 수 있다.

로캉탱은 자신의 구토 현상을 극복하기 위해 롤르봉 후작에 관한 역사 연구를 포기하고 부빌시를 떠나 파리로 가기로 마음먹는다. 마지막으로 카페에 들러 그곳에서 〈섬 오브 디즈 데이스〉의 멜로디를 들으며 자신의 삶을 변화시키기 위해 '소설'을 쓰겠다고 말한다.

한 권의 책. 한 권의 소설. 그러면 그 소설을 읽고 이렇게 말하는 사람들이 있을 것이다. "앙투안 로캉탱이 이 책을 썼어. 카페에서 빈둥대던 빨간 머리 친구지." (……) 그리고 내가 존재하는 것을, 존재한다고 느끼는 것을 막을 수는 없을 것이다. 하지만 그 책이 완성되고, 내 뒤에 놓을 때가 올 테고, 그것이 발하는 약간의 빛이 내 과거 위에 떨어지리라 생각한다. 그러면 나는 그 책을 통해 내 삶을 혐오감 없이 떠올릴 수 있으리라. 어쩌면 어느 날, 나는 바로 이 시간을, 내가 웅크리고 앉아 열차에 오를 시간을 기다리고 있는 이 우울한 시간을 생각하면서, 심장이 더 빨리 뛰는 것을 느끼며, "모든 게 시작된 것은 바로 그날, 그 시간이었어."라고 중얼거릴 수도 있으리라. 그리고 나는 마침내 자신을—과거 안에서, 오직 과거 안에서—받아들일 수 있게 되리라.

사르트르는 "인생은 B와 D 사이의 C이다."라는 명언을 남겼다. 다시 말해 인간은 태어난 날^{birth}부터 죽는 날^{death}까지 좋든 싫든 자신의 인생을 스스로 선택^{choice}해야만 한다. 우리는 매 순간 홀로 선택의 기로에 놓여 있다. 수많은 가능성과 선택사항을 눈앞에 두고 고민에 휩싸여 이리저리 떠밀려 다닌다.

사실 어떤 선택을 하든지 간에 만족할 수는 없다. 우리 자신으로 눈을 돌려, 지난날에 자신이 했던 일들을 살펴보면, 사람들 대부분은 두 가지를 후회한다. 하나는 자신이 했던 어떤 일이고, 또 다른 하나는 자신이 하지 않았던 어떤 일이다. 우리는 여러 선택사항 가운데 한 가지를 꼭 선택해야 하고, 선택하지 않은 것들에 가끔 아쉬워한다.

어느 날 선택하지 않았던 것들이 불쑥 머릿속에서 떠올라 잠 못 이루던 날도 많았다. 하지만 흘러가 버린 시간은 되감을 수 없는 것인데, 선택한 것들과 선택하지 않은 것들에 대한 후회로 자신을 괴롭히고 고통스러워한들 무슨 소용이 있겠는가?

우리는 삶이 무의미하고 무가치하며 하나의 형벌이라고 느끼기도 한다. 하지만 삶을 포기할 수는 없다. '나는 왜 이렇게 삶을 계속 이어가고 있는지, 나는 왜 삶을 중단하지 않는지' 그 이유는 모른다. 다만, 흘러가는 시간에 몸을 맡긴 채 삶이 주는 풍족함과 공허함, 기쁨, 슬픔을 느낄 뿐이다.

페르난도 페소아는 『불안의 책』에서 우리의 인생은 누군가가 헝클어놓은 실타래라고 말한다. 잘 감겨 있거나 풀린 채 놓여 있다면 그 안에 의미가 있을 것이지만 이렇게 헝클어진 상태라면 형체가 없어 어디로 실을 감아야 할지 모르는 혼란에 빠지게 된다는 것이다.

은연중에 나라는 존재는 아무것도 아니라는 생각, 자기 자신이 무가치하고 무의미한 존재라는 생각이 들기도 한다. 하지만 거대한 우주 안에서 인간만이 유일하게 '자유의지'를 소유하고 있다. 나는 자신이 원하는 대로 하거나, 그대로 놔둘 수 있는 주체적이며 자유로운 존재이다. 세상에서 무엇을 선택할지는 나에게 달려 있다.

진리

아낌없이 남김없이
이 삶을 사랑하라

톨스토이 『사람은 무엇으로 사는가』

하나님은 천사인 미하일에게 한 여인의 영혼을 거두어오라는 명령을 한다. 그러나 미하일은 그 여인의 영혼을 거둘 수가 없었다. 여인의 남편은 며칠 전 나무에 깔려 죽었고, 이제 막 쌍둥이를 출산했다. 그녀가 제발 자신의 손으로 쌍둥이를 먹이고 키울 수 있도록 자신의 영혼을 거두어가지 말아 달라고 애원했기 때문이다. 그녀를 측은하게 여긴 미하일은 하나님 앞으로 가서 "그 어머니의 영혼을 거두어올 수가 없었습니다."라고 말했다. 그러자 하나님은 자신의 명령을 거역한 벌로 다음과 같은 세 가지 질문에 대한 답을 알아 오라고 했다.

"어서 가서 그 여인의 영혼을 거두어와라. 그러면 세 가지 진리를 깨닫게 될 것이다. 사람의 마음에는 무엇이 있는가? 사람에게 허락되지 않은 것은 무엇인가? 사람은 무엇으로 사는가? 이 세 가지 진리를 깨달은 뒤에야 하늘나라로 돌아올 수 있다."

미하일은 다시 세상으로 내려와 여인의 영혼을 거두어 하늘로 올라가다가 갑자기 바람이 휘몰아쳐 두 날개를 잃고 땅에 떨어졌고 여인의 영혼만 하나님 앞으로 갔다.

톨스토이의 단편집 『사람은 무엇으로 사는가』는 하나님의 뜻을 거역한 죄로 인간 세상에 버려진 천사 미하일이 구두장이 세몬의 도움으로 다음과 같은 세 가지 진리에 관한 깨달음을 얻는다는 내용이다.

사람의 마음에는 사랑이 있다

구두장이 세몬은 집도 땅도 없이 구두 수선하는 일을 해서 하루하루 먹고살 만큼 가난하다. 세몬은 아내와 외투 한 벌을 나누어 입으면서 겨울을 났지만 이제 다 낡아 새 외투를 만들 양가죽을 사야 할 형편이었다.

가난한 구두장이 세몬은 교회 모퉁이에서 벌거벗은 남자를 발견했다. 그는 미하일이라는 젊은 남자에게 자신의 외투를 걸쳐 주고 털 장화를 신겨 집으로 데려왔다. 세몬은 미하일에게 구두 수선하는 일을 가르쳐 주었다. 미하일은 뭐든 빨리 배웠고 평생 구두 수선을 하며 살아온 사람처럼 능숙하게 일했다.

　톨스토이는 『인생이란 무엇인가』에서 사람은 누구나 자기 자신을 위해 즉, 자신의 행복만을 바라며 살아간다고 말한다. 하지만 자신의 행복을 손에 넣으려고 노력하는 그 과정에 행복이 다른 사람들에 의해서 좌우된다는 사실을 알게 된다. 다른 사람들도 모두 똑같이 자신의 삶과 행복만을 중요시하고 진실한 삶이라고 여기기 때문이다. 즉, 다른 사람의 삶은 자신의 행복을 위한 수단에 지나지 않는다는 것이다. 결과적으로 사람들은 모두 자기 자신만을 사랑하기 때문에, 우리가 행복을 손에 넣는 것은 불가능하다고 말한다.
　그래서 톨스토이는 다른 사람의 행복 속에 자신의 행복이 있다고 생각해야 한다고 강조한다. 사람은 자신의 행복을 구하는 일을 그만두고, 오로지 다른 사람을 행복하게 해 주려고 노력할 때 진정한 삶을 살 수 있다는 것이다. 다시 말해 자기의 행복을 위해서가 아닌 다른 사람의 행복을 위해 살고, 자신보다 남을 더 많이 사랑하게 될 때 우리가 바라는 행복을 손에 넣을 수 있다고 말한다.
　자신도 가난으로 추운 겨울에 모피 외투 하나 살 돈도 없고, 어떻게 처자식을 먹여 살려야 할지 걱정하던 구두장이 세몬이 추위와 배고픔으로 죽기 직전인 천사 마하일을 도와준 것은 바로 사람의 마음에는 사랑이 있었기 때문이다. 이것이 미하일이 깨달은 첫 번째 진리이다.

사람의 일은 한 치 앞도 알 수 없다

미하일이 구두를 수선하면서 세몬의 집에서 살아온 지 어느덧 1년이라는 세월이 흘렀을 때, 세몬 구둣방의 직공만큼 튼튼하고 맵시 있는 구두를 만들 수 있는 사람은 없다는 소문이 이웃 마을에까지 퍼졌다. 어느 겨울날, 세 필의 말이 끄는 마차를 타고 온 신사가 1년을 신어도 모양이 변하거나 뜯어지지 않는 장화를 주문했다.

"만들 수 있단 말이지? 그렇다면, 자네가 누구의 장화를 만드는지, 어떤 가죽으로 만드는지 꼭 명심하게. 1년을 신어도 뜯어지지 않고 모양도 절대 변하지 않는 장화를 만들어야 하네. 그런 장화를 만들 수 있다면 이 가죽을 재단하고, 그럴 자신이 없다면 처음부터 손도 대지 말게. 미리 말해 두는데, 1년 안에 장화가 뜯어지거나 모양이 변하면 자네를 감옥에 넣어 버릴 걸세. 대신 1년이 지나도 모양이 변하지 않고 뜯어지지도 않으면 10루블을 더 주겠네."

세몬은 자신보다 눈썰미가 정확하고 손도 빠른 미하일에게 재단을 시켰다. 그런데 미하일은 끔찍한 실수를 저지르고 말았다. 굽이 있는 장화를 주문했는데 납작한 슬리퍼를 만드느라 가죽을 다 버려 놓았던 것이다. 세몬이 미하일에게 도대체 무슨 짓을 한 것인지 다그치려 할 때 아까 주문한 신사의 하인이 찾아왔다. 하인은 자신의 나리가 돌아가셨기 때문에 이제 장화가 필요 없게 되었고, 죽은 사람에게 신길 슬리퍼를 빨리 만들어 달라는 마님의 말을 전했다. 미하일은 천사였기 때문에 장화를 주문했던 신사의 어깨 뒤에 죽음의 천사가 있는 걸 보았고, 그날 밤 해가 지기 전에 그 천사가 신사의 영혼을 데려가리라는 걸 알았다. 그 신사는 날이 저물기 전에 자신이 죽을 거라는 것도 모르고 1년을 신을 튼튼한 장화를 준비하라고 말한 것이다.

미하일은 결국 사람에게 허락되지 않는 것이 무엇인지 깨달았다. 그것은 바로 사람은 자신에게 무엇이 필요한지 아는 능력을 얻지 못했다는 것이다. 사람은 이렇게 한 치 앞도 예견할 수 없다.

톨스토이는 『고백록』에서 인간의 '무지'와 관련하여 다음과 같은 동양의 옛 우화를 들려주었다.

들판에서 사나운 맹수의 습격을 받은 나그네가 물이 말라 버린 우물 속으로 뛰어들었다. 그 우물 바닥에는 그를 단숨에 삼키려고 입을 커다랗게 벌린 용 한 마리가 있었다. 그는 하는 수 없이 우물 중간의 틈새에 자라난 나뭇가지에 대롱대롱 매달렸다. 그때 검은 쥐와 흰 쥐가 나타나서, 그가 매달려 있던 나뭇가지를 갉아 먹기 시작했다. 머지않아 나뭇가지는 뚝 끊어질 것이고, 그는 용의 입안으로 떨어질 것이 틀림없었다. 나그네는 그런 와중에서도 나뭇가지에 달린 잎사귀에 꿀이 몇 방울 묻어 있는 것을 발견하고 혀를 내밀어 꿀을 핥기 시작했다.

우리 삶의 모습도 이 나그네와 같지 않을까. 우리를 삼키려고 입을 벌리고 있는 죽음이라는 용과 밤낮없이 우리 삶을 갉아 먹고 있는 두 마리의 쥐를 보지 못한 채, 눈앞의 달콤한 꿀만 핥으며 옴짝달싹하지 못하는 삶을 살고 있는 것이다. 톨스토이는 삶에 대한 무지란 바로 삶의 무의미함과 부조리하다는 것을 인식하지 못하거나 깨닫지 못하는 것이라고 말한다.

하지만 한편으로 생각하면 우리 삶은 앞날을 알 수 없어서 아름다운 것이 아닐까? 만약 우리에게 미래를 알 수 있는 능력이 있다면, 어쩌면 더 불행해지지 않을까? 자신의 미래를 내다보는 순간, 그 미래는 확정되고 우리에게 선택할 자유가 없어지기 때문이다.

우리의 삶은 그저 정해진 대로 흘러갈 뿐이다. 그래서 인생에서 중요한 것은 자신의 존재를 바꾸는 것이다. 내면에 진정한 존재를 향해 귀 기울일 때, 자신의 운명을 발견할 수 있다.

사람은 사랑으로 산다

미하일이 세몬의 집에 온 지도 어느덧 6년이란 세월이 흘렀을 때, 어느 부인이 쌍둥이 여자아이 둘을 데리고 오고 있었다. 여자아이들은 구분이 안 될 정도로 닮았지만, 한 아이가 왼쪽 다리를 절었다. 그 부인은 자신이 낳지도 않은 고아 아이들을 가엾게 여기며 친자식처럼 자기 젖을 물려 키운 것이다. 이 아이들은 6년 전 태어나기도 전에 아버지가 세상을 떠났고, 태어나던 날 어머니가 눈을 감았다. 이 아이들의 어머니가 바로 미하일이 하나님의 명령으로 영혼을 거두었던 그 여인이었다. 미하일은 피 한 방울 안 섞인 남의 자식을 젖을 물려 키우는 부인을 보면서 사람은 마음에 있는 사랑으로 사는 것이란 걸 깨닫게 되었다.

　사람은 누구나 자신을 위한 염려가 아니라 사랑으로 사는 것임을 깨달았습니다. 그 어머니에게는 아이들이 살아가려면 무엇이 필요한지 알 수 있는 능력이 없었고, 그 부자 역시 자신에게 무엇이 필요한지 알 수 있는 능력이 없었습니다. 날이 저물었을 때 자신에게 무엇이 필요할지, 산 자가 신을 장화가 필요할지 죽은 자가 신을 슬리퍼가 필요할지 알 수 있는 사람은 아무도 없습니다. 제가 사람이 되어 살아갈 수 있었던 것은 제 힘으로 스스로를 보살필 수 있어서가 아니라 지나가던 사람과 그의 아내가 사랑과 온정을 베풀어 주었기 때문입니다.

　『사람은 무엇으로 사는가』는 소박한 민중의 삶을 소재로 기독교적 사상을 녹여낸 작품이다. 톨스토이는 삶의 의미가 부, 재산 등 물질적인 행복이 아니라, 오히려 이것들을 훨씬 뛰어넘는 정신적인 것에 있음을 보여 준다. 그것은 바로 인간이 행복해지기 위해 꼭 필요한 덕목인 '사랑'이다.
　사랑이란 우리에게 생명을 준 신이 바라는 것으로, 우리 안에 채워져 있는 신과 닮은 어떤 근원적인 빛이라고 할 수 있다. 그래서 톨스토이는 그 빛이 꺼지지 않게 온 힘을 다해 지키고, 계속 타오르게 해야 한다고 말한다.

이 사랑의 빛을 타오르게 하는 것만으로 모든 사람의 삶은 유일하고 위대한 의미가 될 수 있다. 신은 우리가 행복하게 살길 바라며, 그 때문에 우리의 가슴에 사랑이라는 단어를 심어 놓았다. 따뜻한 사랑으로 그 가슴을 채울 때, 우리는 진정으로 행복할 수 있다.

5장

내 삶의
의미를 묻다

LITERATURE THAT
COMFORTS
MY LIFE

고독

고독의 무게를
재어 보라

프란츠 카프카 『변신』

카프카의 『변신』은 제목 그대로 주인공 '그레고르 잠자'가 어느 날 잠에서 깨어났을 때, 한 마리 벌레로 '변신'한 이야기다. 이 작품은 처음부터 마지막까지 한 마리 벌레로 변한 그레고르 잠자에 대한 이야기로 꺼림칙하고 소름 끼치며 슬프고 구역질 나기도 한다.

『변신』은 벌레로 변한 그레고르를 통해 현대 문명에서 서로 간의 소통과 이해가 단절된 소외된 인간의 고독과 실존의 모습을 보여 주는 작품이다.

그레고르 잠자는 어느 날 아침에 불안한 꿈에서 깨어났을 때, 자신이 잠자리 속에서 한 마리 흉측한 해충으로 변해 있음을 발견했다. 그는 장갑차처럼 딱딱한 등을 대고 벌렁 누워 있었는데, 고개를 약간 들자, 활 모양의 각질^{角質}로 나뉘어진 불룩한 갈색 배가 보였고, 그 위에 이불이 금방 미끄러져 떨어질 듯 간신히 걸려 있었다. 그의 다른 부분의 크기와 비교해 볼 때 형편없이 가느다란 여러 개의 다리가 눈앞에 맥없이 허우적거리고 있었다.

'어찌된 셈일까?' 하고 그는 생각했다. 꿈은 아니었다.

벌레로 변한 그레고르는 아버지가 던진 사과에 심한 상처를 입는다. 그 후 서서히 죽어 가는 모습은 '가족'의 진정한 의미에 대해서 다시 한번 생각하게 한다. 가족이란 무엇일까?

독일의 철학자인 헤겔^{Hegel}은 『법철학』에서 '가족은 정신의 직접적 실체성으로서 사랑이라는 감정상의 통일을 기초로 성립된다'고 말한다. 즉, 가족 간의 사랑을 통해 나와 타자의 일체성을 의식하는 것이다. 헤겔은 가족을 완성하는 첫 번째 측면을 결혼이라고 말한다. 남녀가 서로 사랑이라는 감정으로 결혼을 하고, 부부 사이에 그 사랑의 완성은 자녀를 통해서 완성된다는 것이다.

하지만 카프카의 『변신』에서 '가족'은 어떠한가? 그레고르 잠자는 벌레로 변신하기 전에 외판사원이었다. 온 식구들의 낭비를 감당할 만큼 많은 돈을 벌었다. 가족들은 그레고르에게 감사했으며, 그레고르 또한 부모와 누이에게 그러한 삶을 마련해 줄 수 있다는 데 대해 커다란 자부심을 느꼈다. 하지만 그레고르가 벌레로 변신한 이후 가족들은 생계를 이어가기 위해 각자 일을 해야 했고, 일에 지친 가족들은 누구도 그레고르를 더 이상 걱정하거나 돌보지 않았다.

"내보내야 해요." 누이동생이 소리쳤다. "그게 유일한 방법이에요, 아버지. 이게 오빠라는 생각을 버리셔야 해요. 우리가 이렇게 오래 그렇게 믿었다는 것, 그것이야말로 우리의 진짜 불행이에요. 그런데 도대체 이게 어떻게 오빠일 수가 있지요? 만약 이게 오빠였더라면, 사람이 이런 동물과 함께 살 수는 없다는 것을 진작에 알아차리고 자기 발로 떠났을 테지요. 그랬더라면 오빠는 없더라도 계속 살아가며 명예롭게 그에 대한 기억을 간직할 수 있을 거예요. 그런데 이렇게 이 동물은 우리를 박해하고, 하숙인들을 쫓아내고 분명 집을 독차지하여 우리로 하여금 골목길에서 밤을 지새우게 하려는 거예요. 보세요, 좀, 아버지."

결국 벌레로 변신한 그레고르는 사랑하는 자신의 가족 구성원에서 배제되었다. 사랑의 관계가 끊어져 그들 사이에는 깊게 고랑이 파였다. 더는 헤겔이 말한 것처럼 나와 타자의 일체성을 의식하는 사랑이란 단어는 그들에게 존재하지 않았다. 허우적거리면서 겨우겨우 버티던 그레고르는 자신이 사라져야 한다는 단호한 생각을 한다. 결국 아버지가 집어 던져 등에 박힌 썩은 사과와 함께 서서히 죽어갔다.

아이러니하게도 그는 죽어가면서 자신의 가족들을 감동과 사랑으로 회상한다. 가정부가 죽은 그레고르를 보며 "이보세요, 이게 뒈졌어요, 저기 누워 있는데요, 아주 영 뒈졌다니까요!"라고 말하자 그의 가족들은 "이제 우리는 신에게 감사할 수 있겠다."라고 성호를 긋는다. 그리고 나서 아버지, 어머니, 그리고 누이는 다 함께 전차를 타고 교외로 산책을 나간다. 영원히 껴안고 살아가야 할지 모르는 죄책감이라는 무거운 마음에서 벗어나서 아무 일이 없었다는 듯 그들의 삶을 살아간다.

인간은 누구나 고독하다. 하지만 바쁘게 돌아가는 세상에서 일에 지치고, 행복감이 시들어갈 때, '고독'이라는 단어가 얼마나 반갑고 고마운지 깨닫게 된다. 사회적 동물인 인간은 다른 사람들과의 관계 속에서 끊임없이 행복을 찾으려 한다. 하지만 『변신』의 주인공처럼 흉측한 벌레로 변해 자기 자신조차도 추스르지 못하게 될 때 결국 그 관계에서 소외당하고 외로움을 느낀다.

라르스 스벤젠Lars Svendsen은 『외로움의 철학』에서 사랑에는 늘 치러야 할 대가가 있는 법인데, 외로움은 그 대가의 일부라고 말한다. 즉, 타인에게 마음을 쓰거나 애정을 쏟는 사람이라면 누구나 그 타인이 물리적으로든 감정적으로든 떠나버리고 없을 때 외로움을 느낀다. 그렇다면 어디에서 '나'를 찾을 것인가? 어떻게 지독한 외로움을 극복할 수 있을까?

첫째, 먹고, 만나고, 사랑하라

누군가를 만나 사랑하고 우정을 나눌 때 우리는 외로움을 덜 느낀다. 함께 맛있는 음식을 먹고, 차를 마시며 대화를 나누고, 공통 관심사에 관해 이야기하는 순간 우리는 잠시나마 외로움이라는 감정에서 벗어날 수 있다. 라르스 스벤젠은 '외로움을 느낄 수 있는 자만이 사랑할 수 있거나 누군가의 친구가 될 수 있다'고 말한다. 우리 인생에서 외로움은 사랑과 우정을 가능하게 하는 이유이다.

둘째, 이 세상 사람들은 대부분 외롭다

나만 외로운 것이 아니란 사실을 알 때 외로움을 견딜 수 있다. 자기 안에 외로움을 떨쳐내고 자연과 함께 고요함 속에 머무는 법을 배움으로써 외로움을 극복할 수 있다.

헨리 데이비드 소로는 월든 호숫가 땅에 손수 오두막을 짓고 1845년 7월부터 1847년 9월까지 2년 2개월 2일 동안 자연 속에서의 단순하고 자급자족적인 삶을 살았다. 소로는 홀로 월든 호수로 갔으나 그는 고독하지 않았다고 말한다. 소로는 어떻게 인간의 고독을 극복했을까?

내가 몇 제곱마일에 이르는 인적 드문 이 넓은 숲에 사는 이유가 무엇인가? 가장 가까운 이웃도 1마일 밖에 있고 내가 사는 집에서 반 마일 내에 있는 언덕 꼭대기에 올라가야만 인가가 보인다. (……) 뉴잉글랜드 지역에 살지만 아시아나 아프리카 어느 곳이라 해도 무방하다. 나만의 해와 달과 별들이 있는 이 작은 세계는 오롯이 내 것이다. 밤에 집 근처를 지나거나 문을 두드리는 이가 아무도 없기 때문에 마치 내가 이 세상에 존재하는 최초 혹은 최후의 인간처럼 느껴진다.

소로는 결코 외롭다고 느껴 본 적도, 고독감에 짓눌린 적도 없었다. 다만 숲으로 들어오고 나서 얼마 후, 평온하고 건강한 삶을 위해 가까운 곳에 이웃 하나는 있어야 하지 않을까 고민한 적은 있었다. 하지만 가랑비가 내리는 동안 갑자기 자연 속에서 정말 달콤하고 선한 세상을 느꼈고, 한없는 친밀감을 느꼈고 이웃이 있었으면 했던 생각이 하찮게 느껴졌다.

생각하거나 일할 때 사람은 늘 혼자다. 우리는 밖에서 수많은 사람에게 둘러싸여 있어도 고독하다. 그래서 소로는 고독은 나와 다른 사람들 사이에 놓인 물리적인 거리가 몇 마일인가로 측정하는 것이 아니라고 말한다.

셋째, 외로움과 고독의 차이점을 이해하라

외로움은 슬픈 감정으로 다가오지만, 고독은 그러한 부정적 감정에서 벗어나 있다. 다시 말해 외로움에는 고통과 괴로움과 같은 부정적인 감정이 있지만, 고독은 다양한 감정에 열려 있는 상태다. 따라서 고독 속에서 자유를 발견할 수 있다.

영국 최고의 지성이자 정신분석의인 앤서니 스토$^{Anthony\ Storr}$는 『고독의 위로』에서 '인간의 대부분의 불행은 고독할 줄 모르는 데서 온다'고 말한다.

사람은 한평생을 살면서 전혀 다른 두 가지 충동을 느낀다고 한다. 다른 사람들과 사귀고 사랑을 나누는 등 어떤 방식으로든 사람들과 가까이 지내고 싶다는 충동과, 독립적이고 개별적이며 독자적인 삶을 살고 싶다는 또 다른 충동을 지니고 있다는 것이다.

그렇다면 둘 중 어떤 삶이 더 행복한 삶일까? 인간은 끊임없이 행복을 추구하지만, 바로 이러한 본성 탓에 인간관계에서든 혼자만의 고독한 시간에서든 완전한 행복을 얻는 것이 어렵다.

기본적으로 인간은 혼자서 살 수 없다. 타인들과의 관계에서 우리는 인간다움을 형성한다. 하지만 우리는 사람들 속에서든, 집에서든, 직장에서든 외로울 수 있다. 어떤 사람은 가끔 외롭고, 또 어떤 사람은 날마다 외롭다. 라르스 스벤젠은 아무리 우리가 외로움을 극복하려고 발버둥치며 노력한다 해도 외로움은 시시때때로 우리를 후려칠 것이라고 말한다. 외로움도 나 자신의 일부라는 사실을 인정하면 마음이 더 편안해질 것이다.

매일 아침 자신의 외로움과 고독의 무게를 재어 보자. 이러니저러니 해도, 그것은 '나'의 외로움이다. 진정 행복한 사람은 관계 속에서도 고독할 수 있는 사람인지도 모르겠다.

시련

시련은
삶의 의미를 찾게 한다

빅터 프랭클 『빅터 프랭클의 죽음의 수용소에서』

빅터 프랭클은 프로이트의 정신분석과 아들러의 개인심리학에 이은 로고테라피^{Logotherapy} 학파를 창시한 정신과 의사이자 심리학자이다. '의미'를 뜻하는 그리스어 로고스^{logos}와 '치료'를 뜻하는 테라피^{therapy}를 합친 로고테라피는 '의미 치료'를 뜻한다. 로고테라피는 의미에 중점을 둔 정신치료법으로 인간 존재의 의미는 물론 삶의 의미를 찾아가는 인간의 의지에 초점을 맞춘다.

프랭클은 인간은 자유의지를 가지고 있으며, 의미를 찾으려는 의지 중에서 삶의 의미를 찾는 데 초점을 둔 것이 로고테라피라고 설명한다. 로고테라피는 다른 정신분석과 다르게 '의미를 찾으려는 의지', 즉, 인간 스스로 삶의 의미를 찾도록 도와주는 것을 과제로 삼고 있다. 따라서 인간의 무의식에 자리 잡고 있는 본능적인 요소뿐만 아니라 의미를 찾으려는 의지와 앞으로 성취되어야 할 실존의 잠재적 의미까지도 깨닫게 한다.

『빅터 프랭클의 죽음의 수용소에서』는 유대인이었던 프랭클 박사가 나치의 강제수용소에서 겪었던 자전적 체험에 관한 수기다. 그는 이러한 수용소 체험을 바탕으로 자신만의 독특한 정신분석 방법인 로고테라피를 만들어 낼 수 있었다. 그가 끌려갔던 강제수용소의 삶은 파멸 그 자체였다. 인간의 존엄성이 무참히 짓밟히고, 많은 사람이 죽어 나가는 것을 보아야만 했고, 가진 모든 것을 박탈당했으며, 기나긴 죄수 생활로 남은 것은 자신의 벌거벗은 실존뿐이었다.

샤워할 차례를 기다리는 동안 우리는 우리가 벌거벗고 있다는 사실을 뼈저리게 느꼈다. 우리는 이제 벌거벗은 몸뚱이 외에는 아무것도 가진 것이 없는 처지가 된 것이다. 심지어는 털 한 오라기조차도 남아 있지 않았다. 우리가 갖고 있는 것은 글자 그대로 우리 자신의 벌거벗은 실존뿐이었다. 그동안의 삶과 현재를 연결시켜 주는 물건 중 과연 내게 남은 것이 무엇이란 말인가? 나에게 남은 것이라고는 안경과 벨트가 전부였다. 하지만 그중에서도 벨트는 나중에 빵 한 조각과 바꾸어 먹고 말았다.

많은 수감 생활자들이 아무런 희망도 가질 수 없는 절망적인 상황과 다가오는 죽음의 공포에서 자살에 대해 생각해 보지 않은 사람은 거의 없었을 것이다. 그런데 프랭클은 어떻게 고통의 시간 속에서도 삶의 끈을 놓지 않을 수 있었을까? 그는 누이만 제외하고 가족 모두가 수용소 가스실에 보내져 몰살당한 것을 보고도, 어떻게 자신의 삶을 지켜야 할 가치가 있는 것이라고 생각할 수 있었을까? 수용소의 삶은 오로지 굶주림과 치욕감, 공포감 그리고 억압이라는 시련뿐이었는데도 말이다.

프랭클의 삶을 따라가다 보면 우리가 어떻게 삶의 의미를 찾을 수 있을지 알게 된다. 프랭클의 로고테라피에 따르면 다음과 같은 세 가지 방법 즉, 창조적 가치, 경험적 가치, 태도적 가치로 삶의 의미를 되찾을 수 있다고 말한다.

'창조적 가치'를 통해 삶의 의미를 찾을 수 있다

우리는 무엇인가를 만들거나 어떤 일을 함으로써 삶의 의미를 찾을 수 있다. 창의성이라는 견지에서 예술 활동, 교육, 학문, 봉사활동 등 주어진 일을 통해서 의미를 찾는다. 프랭클은 수용소에서 빼앗긴 원고를 되살리는 작업을 했다. 만약 그에게 이러한 창조적 정신이 없었다면 수용소의 많은 이들처럼 무감각 증세와 정신착란과 같은 증세에 지배당했을지도 모른다.

프랭클은 인간은 모든 것을 빼앗기더라도 주어진 환경에서 자신의 태도를 결정하고, 자기 자신의 길을 선택할 수 있는 자유만은 빼앗길 수 없다고 말한다. 인간에게는 자유의지가 있기 때문이다.

누군가 혹은 어떤 일을 '경험'함으로써 의미를 찾을 수 있다

경험적 가치란 어떤 일을 경험하거나 어떤 사람을 만남으로써 세상으로부터 삶의 의미를 찾는 것을 말한다. 예를 들면, 사랑을 통해서 기쁨을 느끼거나, 아름다운 자연 풍경이나 예술 작품을 보고, 예전에는 전혀 느껴 본 적이 없는 새로운 체험을 하는 경우다. 프랭클이 강제수용소에서 매일매일 삶과 죽음의 갈림길에서도 모든 것을 견뎌낼 수 있었던 것은 경험적 가치인 '사랑' 덕분이다. 그는 사랑하는 아내를 생각하며 버텨낼 수 있었다. 이 세상에 남길 것이 하나도 없는 사람이라도, 사랑하는 사람을 생각하면 여전히 더할 나위 없이 행복을 느낄 수 있다.

하지만 내 머릿속은 온통 아내 모습뿐이었다. 나는 그녀의 모습을 아주 정확하게 머릿속으로 그렸다. 그녀가 대답하는 소리를 들었고, 그녀가 웃는 것을 보았다. 그녀의 진솔하면서도 용기를 주는 듯한 시선을 느꼈다. 실제든 아니든, 그때 그녀의 모습은 이제 막 떠오르기 시작한 태양보다도 더 밝게 빛났다.

그때 한 가지 생각이 내 머리를 관통했다. 내 생애 처음으로 나는 그렇게 많은 시인이 자기 시를 통해서 노래하고, 그렇게 많은 사상가가 최고의 지혜라고 외쳤던 하나의 진리를 깨닫게 되었다. 그 진리란 바로 사랑이야말로 인간이 추구해야 할 궁극적이고 가장 숭고한 목표라는 것이었다. 나는 인간의 시와 사상과 믿음이 설파하는 숭고한 비밀의 의미를 간파했다.

"인간에 대한 구원은 사랑을 통해서, 그리고 사랑 안에서 실현된다."

그는 사랑은 다른 사람의 인간성 가장 깊은 곳까지 파악할 수 있는 유일한 방법이라고 말한다. 우리는 누군가를 사랑할 때, 그 사랑하는 사람을 잘 알게 된다. 그 사람의 본질적 특성과 개성 그리고 아직 발현되지 않은 잠재력을 볼 수 있다. 이것이 경험적 가치로서 사랑이 특별한 이유다. 사랑의 힘은 자신이 할 수 있는 일이 무엇인지, 자신이 어떻게 되어야 하는지를 깨닫게 함으로써 잠재력을 발휘할 수 있도록 도와준다.

피할 수 없는 운명에서 의미를 찾을 수 있다

태도적 가치란 인간이 피할 수 없는 끔찍한 운명에 마주치게 되었을 때, 그 시련을 대하는 어떤 태도를 의미한다. 다시 말해 인간이 기꺼이 그 시련을 올바른 방법으로 견뎌낼 때 삶의 의미에 다가갈 수 있다. 시련이 고통스럽고 괴롭다고 피하기만 할 것이 아니라, 곤경에 처한 삶에서 의미를 찾아야 한다.

프랭클은 아무리 절망스러운 상황에서도, 도저히 피할 수 없는 운명과 마주쳤을 때도 삶의 의미를 찾을 수 있다는 사실을 잊어서는 안 된다고 강조한다. 왜냐하면 그것을 통해 유일한 인간의 잠재력이 최고조에 달하는 것을 볼 수 있기 때문이라는 것이다.

그는 강제수용소에서 자신에게 닥친 절박한 시련 속에서 무언가를 찾고자 했다. 그에게 시련은 운명과 죽음처럼 삶의 빼놓을 수 없는 한 부분이었으며, 시련과 죽음 없이 인간의 삶이 완성될 수 없다는 사실을 깨달았다. 즉, 산다는 것은 곧 시련을 감내하는 것이며, 살아남기 위해서는 그 시련 속에서 어떤 의미를 찾아야 한다는 것이다. 만약 삶에 어떤 목적이 있다면, 시련과 죽음에도 반드시 목적이 있을 것이다. 하지만 그 어느 누구도 그 목적이 무엇인지 말해 줄 수는 없다.

프랭클은 각자가 스스로 알아서 이것을 찾아야 하며, 그 해답이 요구하는 책임도 받아들여야 한다고 말한다. 다시 말해 우리는 삶으로부터 질문을 받고 있으며, 그 자신의 삶에 대해 '책임을 짊으로써'만 삶의 질문에 대답할 수 있다는 말이다. 오로지 책임감만이 삶에 응답할 수 있는 것이다.

모든 사람의 인생에는 나름의 의미가 있다

우리의 삶은 끝을 알 수 없으며 순간적이고 일시적이다. 강제수용소의 삶처럼 우리의 삶도 불확실성 그 자체다. 불확실한 사건 하나가 끝나면 또다시 불확실한 사건이 뒤따른다. 나의 삶이 어떤 형태로 끝날지 또 언제 끝날지 알아내는 것은 거의 불가능하다. "나는

178

내 인생에서 더는 기대할 것이 없어요."라고 말하는 사람에게 프랭클은 삶을 포기하지 않도록 반복해서 들려주는 말이 있다.

"왜 살아야 하는지 아는 사람은 그 어떤 상황도 견딜 수 있습니다."

프랭클은 정말 중요한 것은 '우리가 삶으로부터 무엇을 기대하는가가 아니라, 삶이 우리로부터 무엇을 기대하는가 하는 것'이라고 말한다. 그래서 삶의 의미에 대해 질문을 던지는 것을 중단하고, 삶으로부터 질문을 받고 있는 우리 자신에 대해 매일, 매시간 생각해야 한다고 말한다. 삶의 의미는 사람에 따라, 시기에 따라 다르기 때문이다.

모든 사람의 인생에는 의미가 있다. 프랭클은 포괄적인 삶의 의미보다는 주어진 상황에서 개인이 처한 삶의 의미를 추구해야 한다고 말한다. 다시 말해 생명이 있는 모든 사람에겐 충족시켜야 할 의미, 구체적으로 수행할 특정한 일과 사명이 반드시 주어져 있다는 것이다. 이것을 우리는 '소명'이라고 부른다.

소명이란 개인적·사회적으로 의미 있는 일을 발견하는 일이다. 따라서 중요한 것은 삶의 의미는 만드는 것이 아니라 발견하는 것이다. 그것은 태어날 때부터 존재하며 손상되지 않는다. 내 삶에는 나에게 발견되어 실현되길 기다리는 '의미'가 있다. 그 삶의 의미가 무엇인지에 관해 프랭클은 개인마다 다르다고 말한다.

삶의 의미가 무엇인가에 대한 대답은 포괄적으로 할 수 있는 것이 아니다. '삶'이란 막연한 것이 아니라 현실적이고 구체적인 것이기 때문이다. 삶이 우리에게 던져 준 과제가 현실적이고 구체적인 것과 마찬가지로. 바로 이것이 개인마다 다른 인간의 운명을 결정한다. 어떤 사람도, 어떤 운명도, 그와는 다른 사람, 그와는 다른 운명과 비교할 수 없다. 똑같은 상황이 되풀이되는 경우는 하나도 없으며, 각각의 상황은 서로 다른 반응을 불러일으킨다.

그는 끔찍한 현실에 처한 사람의 정신력을 회복시키기 위해서는 먼저 미래에 대한 희망을 보여 주는 데 성공해야 한다는 것이다. 각자 자신에게 주어진 소명의식을 발견하고, 나를 필요로 하는 사람들에게 선한 영향력을 미치는 사람이 되어 보자.

절망

절망 속에도
희망은 있다

안네 프랑크 『안네의 일기』

1942년 6월 12일 『안네의 일기』는 "당신에게라면 내 마음속의 비밀들을 모두 다 털어놓을 수 있을 것 같아요. 제발 내 마음의 지주가 되어 나를 격려해 주세요."라는 문장으로 시작된다.

안네는 자신의 열세 번째 생일 선물로 받은 일기장에 '키티'라는 이름을 지어 주고 가상의 친구인 키티에게 편지를 쓰듯 일기를 쓴다. 안네가 일기를 쓰기 시작한 이유는 마음을 털어놓을 만한 참다운 친구가 자신에게 없기 때문이라는 것이다. 하지만 그녀의 일기는 누군가의 밀고로 나치의 비밀경찰에 발각되어 유대인 수용소로 보내지면서 1944년 8월 1일을 마지막으로 끝이 난다.

안네 프랑크는 1929년 독일 프랑크푸르트에서 독일계 유대인 집안에서 태어났다. 나치가 유대인을 박해하자 그녀의 가족들은 1933년 독일을 떠나 네덜란드로 이주했고, 그녀의 아버지는 잼을 만드는 네덜란드 오페크타 상회의 사장이 되었다. 그런데 독일이 1940년 네덜란드를 점령하고 유대인 탄압을 위한 법령을 잇달아 공포하면서 그들의 자유를 점점 박탈해 갔다.

결국 1942년 7월 안네가 열세 살 때 나치 친위대에서 안네의 아버지에게 소환장을 보내왔다. 며칠 전 안네의 아버지가 우리 모두 몸을 숨겨야 한다고 말했던 일이 현실이 된 것이다. 안네는 맨 먼저 책가방에 자신의 일기장을 집어넣었다. 안네에게는 추억이 옷보다 훨씬 소중했기 때문이다. 그녀는 아버지, 어머니, 언니 그리고 다른 가족 4명과 함께 안네 아버지의 사무실이 있는 건물 안 '은신처'에서 숨어 지냈다.

"아마 당신도 1년 반이나 갇혀서 지낸다면 종종 견딜 수 없게 될 때가 있을 거예요. 아무리 올바른 판단력이 있고 감사하는 마음을 잊지 않아도 마음 깊은 곳의 솔직한 느낌까지 억누를 수는 없거든요. 자전거를 타고, 춤을 추고, 휘파람을 불고, 세상을 보고, 청춘을 맛보고, 자유를 만끽하고 …… 나는 이런 걸 동경해요. 그러나 그런 마음을 밖으로 드러내서는 안 되죠. 하기는 우리 여덟 사람 모두가 자신을 불쌍하게 여기거나 불만스러운 표정을 지으며 지낸다면, 도대체 어떻게 될까요?"

『안네의 일기』에는 '절망의 구렁텅이'에 빠져버린 것만 같은 은신처에서의 삶의 괴로움이 잘 나타나 있다. 밖으로 나갈 수 없는 감금 생활이 얼마나 답답했을까? 지금 당장 나치 비밀경찰이 은신처를 급습할 것만 같은 두려움 가득한 생활 속에서 안네는 어떻게 2년이라는 긴 시간 동안 일기를 쓸 수 있었을까? 안네는 한 줄기 희망도 보이지 않는 절망 그 자체인 삶 속에서 어떻게 행복을 발견했을까?

행복은 발견하는 것

안네는 어떤 일이 있어도 꾹 참고 견뎌 보겠다고 일기장 속 키티에게 약속했다. 그녀는 눈물을 삼키며 어떤 어려움 속에서도 자신의 길을 발견해 내고 말겠다고 다짐했다. 그녀는 좁은 은신처에서 여러 명이 부대끼며 생활하면서도 우리는 얼마나 행복한지 모른다고 말한다. 왜냐하면 따뜻한 보살핌 속에서 아무런 불안감 없이 살고 있기 때문이라는 것이다.

그녀는 은신처에서 발각될까 봐 숨도 제대로 쉬지 못하고 지냈다. 재채기와 기침을 하지 않기 위해 숨을 멈추는 수밖에 없었다. 하룻밤 내내 고사포와 폭격기 소리에 참을 수 없는 공포를 느끼는 날도 많다. 거의 매일 밤 마음의 위로를 받기 위해 아빠의 침대로 파고들었다. 밖에서 무슨 소리가 들릴 때마다, 시내의 어딘가에서 총성이 들릴 때마다 밀려오는 공포의 중압감으로 하루하루를 억눌림 속에서 지내야 했다. 그녀는 자신을 향해 매일 쏟아지는 온갖 욕설과

악담, 경멸과 무시하는 눈길, 비난과 질책 때문에 제발 자신을 가만히 내버려 두라고 고함을 지르고 싶었다. 눈 딱 감고 발을 동동 구르며 째지는 목소리로 소리를 지르거나, 어머니에게 달라붙어 큰소리로 울부짖고 싶었다. 하지만 그녀는 가슴에다 깊이 묻었다. 왜냐하면 자신의 절망을 모두가 알게 해서는 안 된다고 생각했기 때문이다.

안네는 두려운 사람, 외로운 사람, 불행한 사람들에게 가장 좋은 묘약을 선물해 주었다. 그 묘약은 어딘가 혼자가 될 수 있는 장소, 넓은 하늘과 자연과 신만이 있는 장소로 가는 것이다. 우리가 살아서 이런 것들을 볼 수 있는 동안은, 이 햇빛, 맑은 하늘, 만물이 원래의 모습을 회복하는 자연의 소박한 아름다움 속에서 행복을 누리라고 말한다.

"페터, 그런 행복을 느낄 수 있는 한, 자연과 건강과 그 외의 모든 것들에 대해 기쁨을 느낄 수 있는 한, 그런 것들을 놓치지 않는 한, 사람은 언젠가 행복을 잡을 수 있으리라고 생각해. 부_富는 언젠가 잃어버릴 수 있지만, 마음의 행복은 한때 숨어 버리는 일은 있어도 언젠가는 꼭 되살아나. 살아 있는 한은 반드시."

늘어선 상점, 집들의 지붕이 아니라 하늘을 바라보았다. 그녀는 두려움 없이 하늘을 우러러볼 수 있는 한은, 자신의 마음이 맑아지는 것을 느꼈다. 안네는 멀지 않은 미래에, 이런 행복을 누군가와 함께 나눌 수 있다는 기대감으로 하루하루를 살았다. 18세기 프랑스의 대표적 사상가인 장 자크 루소도 그의 저서 『고독한 산책자의 몽상』에서 이렇게 말했다.

한 인간으로서 처할 수 있는 가장 가혹한 상황에서 내 영혼의 일상을 묘사하려는 계획을 세웠던 나는, 그 일을 실행하는 데 머릿속이 완전히 자유로운 상태에서 생각을 아무런 저항과 방해를 받지 않고 흘러가는 대로 내버려 두면서 하는 산책과, 그 산책 도중에 샘솟듯 떠오르는 몽상을 충실히 기록하는 것보다 더 간단하고 확실한 방법은 없으리라고 생각했다.

『고독한 산책자의 몽상』은 비난과 비방으로 자신을 괴롭혔던 사람들로 인해 끊임없이 마음에 동요가 일어 삶의 덧없음을 느꼈던 루소가 말년에 홀로 산책하며 쓴 미완성의 작품이다. 그는 푸른 초원의 식물들을 바라보기 위해 때때로 걸음을 멈추기도 하고, 끊임없이 변화하는 경치가 가져다주는 즐거움과 재미를 만끽하면서 산책을 즐겼다. 루소는 이렇게 자연으로 돌아가 달콤한 몽상에 빠져들며 자신 속에 숨어 있던 보석들을 찾아냈다고 고백했다.

우리는 세상이 주는 소란으로 인해 정신이 혼미할 때가 종종 있다. 고통과 절망으로 죽을 지경에 이르는 상황일수록 자연으로 돌아가야 한다. 안네는 이런 자연 속에 있는 한, 어떤 환경에 처해 있더라도 모든 슬픔에 대한 위안을 발견할 수 있으리라고 말한다. 자연이야말로 모든 고뇌의 위안이 되어 준다는 것이다.

나는 대다수처럼 뚜렷한 목표 없이 그냥 타성에 젖어 살고 싶지는 않습니다. 주변의 모든 사람에게 도움이 되고 기쁨을 주는 존재이고 싶습니다. 내 주위에 있으면서도 실제로는 나를 모르는 사람들에게까지 필요한 존재이고 싶습니다. 나는 죽은 후에도 여전히 기억되고 싶습니다.

안네는 글을 쓰는 순간에는 어떤 슬픔도 잊을 수 있었고 새롭게 용기가 솟아났다고 말한다. 그녀에게는 언젠가 저널리스트나 작가가 되고 싶은 간절한 꿈이 있었기 때문이다.

그녀는 수용소에서 장티푸스에 걸려 쓸쓸히 세상을 떠났다. 그녀의 유일한 작품인 『안네의 일기』는 그들의 은신 생활을 도와주었던 미프 부인에 의해 보존되다가, 훗날 유일한 생존자인 안네의 아버지에게 전해졌다. 『안네의 일기』는 2009년 그 가치를 인정받아 유네스코 세계 기록 유산으로 등재되었다. 그녀가 소망했던 대로 『안네의 일기』는 절망과 고통 속에 있는 오늘날의 청춘들에게 난관을 뚫고 나갈 용기와 희망을 주고 있다.

희망

희망이 가진
두 얼굴

오 헨리 『마지막 잎새』

뉴욕의 그리니치빌리지에 무명 화가들이 모여들어 '예술인 거리'가 만들어질 무렵의 일이다. 수와 존시는 납작한 삼 층짜리 벽돌 건물의 꼭대기 층에 공동 작업실을 마련했다.

몸이 약했던 존시는 어느 날부터 폐렴을 앓게 돼 침대에서 옴짝달싹도 못 하게 되었고 그저 누워서 유리창 너머로 옆집의 휑한 벽돌 담벼락만 바라보게 되었다. 그 벽돌 담벼락에는 뿌리가 썩어 가는 늙은 담쟁이덩굴 하나가 기어 올라가고 있었다.

"뭐 하는 거야?" 수가 물었다.

"여섯." 존시가 거의 속삭이듯 말했다. "이제 점점 빨리 떨어지고 있어.

사흘 전에는 백 개 가까이 달려 있었는데. 그때는 세느라고 머리가 아플 지경이었거든. 그런데 지금은 쉽네. 또 하나 떨어진다. 이제는 다섯 개밖에 안 남았어."

"뭐가 다섯 개라는 거야? 친구인 나한테도 좀 알려 줘."

"잎사귀 말이야. 담쟁이덩굴에 달린 거. 마지막 잎새가 떨어지면 나도 떠나야 해. 그렇다는 건 사흘 전부터 알고 있었어. 의사 선생님이 너한테 아무 말씀 안 하셨어?"

병은 점점 깊어져 갔고 의사는 존시 스스로 살고자 하는 마음을 갖지 않는 한 회복은 불가능하다고 말했다. 존시는 담쟁이덩굴의 마지막 잎새가 떨어지는 걸 보면서, 마치 자신도 저 가엾고 지친 잎사귀처럼 모든 걸 내려놓고 아래로, 아래로 떨어지고 싶다고 말했다. 그녀는 폐렴으로 인해 사는 게 점점 힘들어지고 감당할 수 없게 되자 삶의 의미와 기쁨을 모두 잃어버리고 말았다. 마지막 잎새가 떨어지면 자신의 목숨도 끝난다는 망상에 사로잡혀 있었다. 그녀는 담쟁이덩굴 잎이 떨어질 때마다 삶에 대한 의욕도 희망도 점점 잃어가고 있었다.

수와 존시가 살던 같은 건물 1층에는 베어먼이라는 화가 노인이 살고 있었다. 그는 독한 술을 마셔 대면서 늘 곧 걸작을 그리겠다고 떠벌렸지만, 그럴싸한 결실이 없는 실패한 화가였다. 그는 늘 곧 위대한 걸작을 그리겠다고 스스로 다짐했지만, 상업용이나 광고용 그림 말고는 그린 것이 없었다. 가끔 마을의 젊은 화가들을 위해 모델 노릇이나 하면서 약간의 돈을 버는 게 고작이었다. 그저 성질 사나운 왜소한 노인이었던 그는 위층 작업실에 사는 두 젊은 화가를 보호하는 수호자임을 자처하기도 했다.

어느 날 수는 베어먼 노인을 찾아가 존시의 망상에 대해 털어놓았다. 베어먼 노인은 붉게 충혈된 눈으로 대놓고 눈물을 줄줄 흘리면서 "그 빌어먹을 담쟁이덩굴에서 이파리 좀 떨어진다고 죽겠다는 멍청한 인간이 세상에 어디 있어."라는 경멸의 말을 마구 퍼부었지만 사실은 마음 약한 존시가 의지를 갖기를 바라는 나무람이었다. 위층으로 올라온 그들은 창밖의 담쟁이덩굴을 내다보았다. 눈과 비가 뒤섞여 끈질기게 내리고 있었다.

희망에는 의심이라는 그림자가 따라다닌다

오 헨리O. Henry의 『마지막 잎새』는 존시에게 잃어버린 희망을 되찾아 준 베어먼 노인의 따뜻한 마음을 그린 감동적인 소설이다. 누군가가 더 이상 삶에 희망이 없다면, 아마 가장 먼저 해야 할 일은 희망을 되찾게 도와주는 일이다. 희망이란 어떤 일을 이루거나 하기를 바라는 마음이다. 또 희망은 잘되리라는 어떤 가능성을 의미한다. 네덜란드의 철학자 스피노자는 『에티카』에서 희망에 대해 이렇게 정의한다.

희망이란 불안정한 기쁨이다. 그것은, 우리가 그 결과에 대하여 어느 정도 의심하고 있는 미래나 과거의 사물에 대한 관념에서 생겨난다.

스피노자가 말하는 희망의 개념에서 방점을 찍어야 할 부분은 바로 '불안정한'과 '의심'이라는 단어다. 희망이란 결과에 대하여 의심이 따르는 불안정한 기쁨이다. 희망에는 항상 의심이 그림자처럼 따라다닌다. 왜냐하면 우리가 희망하는 것이 이루어질 수도 있고, 이루어지지 않을 수도 있기 때문이다. 따라서 희망은 가능성과 불가능성이라는 두 얼굴을 지닌다. 하나는 긍정적인 측면에서 이루어질 수도 있다는 기쁨이라는 감정이다. 반면에 또 다른 하나는 부정적인 측면에서 이루어지지 않을 수 있다는 불안정성으로 인한 의심이라는 감정이다.

우리의 마음에는 항상 그 안에 서로 반대되는 것들이 있다. 무엇을 얻고자 하면 잃을 수도 있다는 사실을 내포한다. 만약 우리 스스로 가능성보다는 불가능성 쪽으로 무게를 둔다면 바라는 일은 나타나지 않는다. 바로 우리 자신이 하나의 장애물이 되는 것이다. 다시 말해 희망의 문이 닫혀 있는 이유는 자신의 마음이 많고 많은 의심으로 가득 채워져 있기 때문이다.

마음의 의심을 없애는 방법

우리에게 이토록 친밀한 의심이라는 배신자를 어떻게 없앨 수 있을까? 의심의 사전적 의미를 보면 '확실히 알 수 없어서 믿지 못하는 마음'을 뜻한다. 즉, 의심이란 믿음이 없는 상태다. 따라서 절망에 빠진 사람에게 가장 필요한 것은 강력한 믿음이다. 자기 자신을 걱정으로 채운 마음에 긍정적인 믿음의 불꽃이 타오르게 해야 한다. 믿음은 바라고 원하는 것을 보증해 주고, 눈으로 볼 수 없는 것들에 대한 확신을 준다.

수와 베어먼 노인은 존시에게 희망을 주려 애썼다. 그녀의 마음속에 살 수 있다는 희망이 생긴다면 잃어버렸던 삶의 의욕을 되찾을 수 있을 것이다.

"저 늙은 담쟁이덩굴 잎사귀가 네 병이 낫는 거랑 대체 무슨 상관이 있다는 거니? 게다가 넌 저 담쟁이덩굴을 무척 좋아했잖아, 이 말썽꾸러기 아가씨야. 바보같이 굴지 마. 오늘 아침에 의사 선생님이 나한테 말씀하셨는데, 네가 곧 완전히 회복될 가능성이…… 그러니까 선생님 말씀을 그대로 옮기면 말이야…… 선생님 말씀으로는 그럴 가능성이 열에 아홉이래!"

이튿날 아침 수가 창문을 열자 밤새 쉼 없이 세찬 비가 쏟아지고 돌풍이 불었는데도 담쟁이덩굴 잎사귀 하나가 벽돌담에 여전히 남아 있는 것이었다. 덩굴에 붙어 있는 마지막 잎새였다. 존시는 한참

동안 그것을 바라보다 자신의 잘못을 깨닫고 죽기를 바라는 건 죄악이라고 생각했다.

비바람 속에서도 지지 않고 여전히 그 자리에 달려 있었던 담쟁이덩굴의 마지막 잎새는 사실 베어먼 노인이 창 너머 담벼락에 그린 그림이었다. 그는 존시에게 삶의 희망을 주려고 최고의 걸작인 마지막 잎새를 그린 것이다. 하지만 차가운 비와 바람에 구두랑 옷이 흠뻑 젖은 채 그림을 그렸던 베어먼 노인은 결국 폐렴으로 죽고 만다. 비록 존시를 대신해서 목숨을 잃었지만, 사십 년 동안 걸작을 그리기 위해 붓을 휘둘렀던 베어민 노인이 드디어 꿈을 이룬 순간이었다.

담쟁이덩굴을 자세히 보면, 덩굴손의 흡판을 이용하여 돌담이나 바위 또는 나무줄기를 타고 오른다. 즉, 담쟁이덩굴은 감고 올라가는 것이 아니라 달라붙어 기어오른다. 담쟁이덩굴이 이렇게 벽에 달라붙어 기어오르는 모습은 꼭 인간의 끈질긴 생명력과 닮았다. 담쟁이덩굴의 이파리가 함께 절망의 벽을 오르는 것처럼, 우리도 삶의 절망적인 순간에 서로에게 희망을 나눠 줄 수 있어야 한다. 희망은 담쟁이덩굴처럼 누군가와 같은 곳을 향해 나아갈 수 있게 하는 힘이다. 그래서 담쟁이덩굴의 꽃말은 '우정'이다. 이것이 오 헨리가 많은 나뭇잎 가운데 담쟁이덩굴의 잎을 마지막 잎새로 설정한 이유가 아닐까?

절망을 이겨내고 나아가야 하는 것이 인생

두려움이 없는 삶은 없다. 모든 인간은 항상 고통과 절망에서 벗어날 수 없는 존재다. 그렇다고 고통과 절망 앞에서 늘 좌절해야 할까? 절망적인 순간을 우리는 어떻게 극복해야 할까?

먼저 우리는 희망이 없이도 사는 법을 배워야 한다. 이 말은 행복해지기 위해서는 고통과 실패에서도 배워야 한다는 말과 같다. 우리는 고통과 절망 속에서 부정적인 사람이 될 수도 있고, 긍정적인 사람이 될 수도 있다. 긍정적인 사람은 내 삶을 헝클어뜨린 고통이 자신의 삶에서 어떤 의미인지를 생각한다. 어쩌면 긴 인생의 끝자락에서 살아온 자신의 삶을 바라볼 때, 고통을 겪으며 좌절하지 않고 딛고 일어섰던 그때가 가장 소중한 순간이었다는 생각을 하게 될지도 모른다. 진정한 삶은 자신에게 흔적을 남겼던 시련을 극복할 때 이룰 수 있는 것이다.

자신의 운명을 미래의 막연한 희망에 맡기지 말고, 현재의 삶을 느껴야 한다. 기쁠 때는 마음껏 기뻐하고, 슬플 때는 마음껏 눈물을 흘릴 수 있어야 행복한 사람이다. 또한 시련에 부딪혔다면 견딜 수 있어야 한다. 앞으로 다가올 것들에 또다시 희망이라는 단어를 품고 자신의 운명을 사랑하라. 절망이 다시 희망으로 바뀌는 삶의 변화를 위해 절망을 뚫고 나아가 보자.

죽음

메멘토 모리,
우리는 언젠가 죽는다

톨스토이 『이반 일리치의 죽음』

어디선가 날아온 빨간 단풍잎 하나가 문 앞에 떨어져 있는 것을 보았다. 떨어진 단풍잎을 보면서 나는 문득 이런 생각이 들었다. '이 단풍잎의 의미는 무엇일까? 왜 나에게 갑자기 나타난 것일까?' 삶이 공허해지고 가슴이 답답한 지금, 아름다운 자연은 내게 어떤 메시지를 전해 주는 것만 같다. 삶이 공허한 이유는 우리의 삶이 사소한 걱정과 끊이지 않는 욕망으로 가득 차 있기 때문이다.

청춘의 시절에 좋은 대학에 진학하기 위해 오로지 열심히 공부만 했고, 졸업 후에는 좋은 직장에 취직하기 위해 취업 준비에 여념이 없었다. 때가 되면 사랑하는 누군가를 만나 결혼도 해야 했고, 토끼 같이 귀여운 아이를 낳고 키워야 했다. 좋은 옷, 명품 가방, 멋진 외제 차를 소유하고, 좋은 집에 살며, 남부럽지 않은 전문 직업을 갖게되면, 영원히 행복한 삶을 살 수 있을 거라 믿고 살아왔다. 하지만 삶이 주는 기쁨과 고통이 엇갈려 올 때, 가끔은 발길을 멈추고 '나는 단한 번뿐인 인생을 하루하루 잘 살아가고 있는가?' 하고 생각하는 날들이 많아졌다.

단 한 번뿐인 인생을 잘살고 있는가?

톨스토이의 『이반 일리치의 죽음』은 삶과 죽음의 의미에 관해 생각해 볼 수 있는 단편 소설이다. 40대 중반의 이반 일리치는 법원 판사로서 출세와 명예 같은 사회적 성공과 물질적 안락만을 추구하는삶을 살아왔다. 어릴 적 집안에서 수재라고 불릴 만큼 영리하고 사교성이 있는 예의 바른 인물이었다. 그는 법률학교를 우수한 성적으로 졸업했으며, 세상에서 최고의 지위를 차지하고 있는 사람들에게마음이 끌리는 경향이 강했다. 그래서 그런 사람들이 지닌 삶의 태도와 방식을 배우며 그들과 친밀한 관계를 맺고자 애썼다.

그가 사교 단체에서 만난 아내는 훌륭한 귀족의 핏줄을 이어받았고, 인물도 나쁘지 않았으며 재산도 있었다. 그가 그녀와 결혼을 한이유 가운데 하나는 자신의 쾌락을 위해서였다. 그는 그의 바람대로조촐한 만찬회를 베풀어 사회적으로 중요한 지위에 있는 신사나 숙녀를 초대하고, 그들과 함께 시간을 보내면서 즐겁고 평탄한 삶을살아가고 있었다.

그런데 그에게 중대한 일이 일어난다. 사닥다리에서 실수로 발을 헛디뎌 떨어지면서 옆구리를 창문 손잡이에 부딪힌 이후로 불치의 병에 걸리고 말았다. 병에 걸려 죽음의 구렁텅이로 떨어진 그는 예전에는 즐겁게 생각되던 모든 일이 아주 보잘것없고 추하며 무의미하다는 생각으로 괴로웠다. 그는 원인을 모르는 병으로 죽어가면서 지금까지 쌓아 왔던 삶이 한순간에 송두리째 무너져 내리는 듯한 고통을 겪었다.

'죽음을 기억하라'는 뜻의 메멘토 모리memento mori라는 라틴어 격언이 있다. 사실 20, 30대 청춘에게 '네가 반드시 죽는다는 것을 기억하라'고 말하면 마음에 전혀 와닿지 않을 것이다. 왜냐하면 청춘에게 죽음이란 먼 훗날에 발생할 불확실한 사건이기 때문이다. 하지만 누구나 불치의 병에 걸리거나, 갑작스러운 가족의 죽음을 맞거나 가까운 사람의 죽음을 접하고 나면 한 번쯤 '죽음'의 의미를 생각하지 않을 수 없다.

죽음이란 무엇일까? 우리는 죽음을 직접적으로 경험할 수는 없다. 따라서 죽음이 무엇인지 정확하게 아는 사람은 없다. 단지 모든 인간은 죽는다는 사실만 알 뿐이다. 즉, 인간이라면 누구나 죽음을 피할 수 없다. 우리 마음대로 죽는 시기를 늦출 수도 없다. 또한 타인에게 대신 죽어 달라고 부탁할 수도 없다. 죽음을 앞둔 사람은 홀로 그 두려움을 맞이해야 한다.

고대 로마인들은 왜 자신이 죽는다는 사실을 항상 기억하라고 말한 것일까? 먼저 삶과 죽음이 어떠한 관계인가를 살펴봐야 한다. 고독과 방랑의 시인 라이너 마리아 릴케(Rainer Maria Rilke)는 『말테의수기』에서 삶과 죽음의 관계에 대해서 이렇게 말했다.

이제 아무도 살지 않는 고향집을 생각하면, 그전에는 죽음이 달랐을 거라고 여겨진다. 옛날에 사람들은 과일에 씨가 들어 있듯이, 사람도 내부에 죽음을 간직하고 있음을 알고 있었다(아니면 그저 예감했던 것인지도 모른다). 아이들은 작은 죽음을, 어른들은 큰 죽음을 간직하고 있었다. 여자들은 그것을 자궁 안에, 남자들은 가슴속에 간직하고 있었다. 어쨌든 독특한 위엄과 말 없는 자부심을 주는 죽음을 가지고 있었다.

죽음을 통해 삶을 보라

릴케는 모든 인간은 삶과 죽음을 함께 간직하고 태어난다고 말한다. 인간이 죽음의 씨앗을 품고 태어난다는 릴케의 표현을 떠올리면 섬뜩한 느낌마저 든다. 사람은 태어나면서 삶과 죽음의 시간이 시작된다. 즉, 삶의 시간이 늘어날수록 죽음의 시간이 다가오는 것이다. 동전의 양면과 같은 삶과 죽음의 관계 때문에, 우리는 삶을 생각할 때 죽음을 떠올려야 하고, 죽음을 생각할 때 삶을 떠올려야 한다.

그런데도 우리는 죽음을 어떻게 받아들이고 있는가? 죽음은 자신과 거리가 먼일이라는 듯 죽음을 무시하면서 산다. 그것은 삶의 의미를 절반만 알고 살아가는 것과 같다. 릴케가 말한 것처럼 여자는 자궁에, 남자는 가슴에 이미 죽음의 씨앗을 간직하고 있기 때문이다. 자신의 죽음에 대해 미리미리 생각하지 않는다면 삶의 진정한 의미를 파악하지 못한다.

고대 후기 스토아학파 철학자인 에픽테토스는 『엥케리디온』에서 무엇보다 죽음을 날마다 자신의 눈앞에 놔두라고 충고한다. 죽음에 관해 늘 생각한다면 삶에서 가장 소중한 것들이 무엇인지 깨닫게 되고, 지나치게 어떤 것을 욕망하지도 않게 된다는 것이다. 즉, 자신이 언젠가 죽는다는 사실을 생각하면 사회적 성공, 지위, 명예, 돈 등에 대한 욕망만을 추구하며 사는 것이 얼마나 부질없는 일인지를 깨닫게 된다는 것이다.

이반 일리치도 다른 사람들과 마찬가지로 병에 걸리기 전까지는 자신의 죽음에 대해 생각해 본 적이 단 한 번도 없었다. 인생의 입구에서는 한 줄기 빛이 있었으나, 이제 끝을 향해 달리고 있는 자신의 삶에 남은 것은 오로지 죽음의 공포로 인한 두려움뿐이었다. 무엇 때문에 자신이 죽음이라는 비참한 형벌을 받아야 하는지 아무리 생각해도 알 수 없었다. 이반 일리치가 죽었다는 소식을 듣게 된 친한 동료들조차도 자신의 승진에 대한 기대감으로 가득 차 있었을 뿐이었다. 단지 '죽은 것이 내가 아니고 그 사람이어서 다행이구나!'라는 안도의 마음을 가질 뿐. 그의 아내 역시 남편이 죽음을 앞둔 이때 정부로부터 연금을 받으려면 어떻게 하면 좋으냐 하는, 유가족 보조금에 대한 관심이 먼저였다. 그는 죽음 앞에서 철저히 혼자였다.

이반 일리치는 여태까지 살아온 삶의 방식이 잘못되었다는 사실을 도저히 받아들일 수 없었다. 자신의 병이 어째서 더해졌는지, 어떻게 악화되었는지에 대해 생각해 보았다. 또한 자신이 죽을 수밖에 없는 존재가 된 사실을 인정할 수 없었지만, 그 이유만이라도 알고 싶었다. 그러던 어느 날 밤, 충성심으로 병간호를 해 주던 하인 게라심을 바라보는 동안, 정말 자신이 지금까지 잘못 살아왔을지도 모른다는 의심이 문득 들었다.

일도, 생활도, 가정도, 사교나 근무상의 흥미도, 모두가 가짜일지도 모른다! 그는 이 모든 것들을 변호하려고 했다. 그러나 갑자기 자신이 변호하려고 하는 것이 전혀 의미가 없다는 것을 느꼈다. 변호해야 할 것은 아무것도 없었던 것이다.

'만약 그렇다면' 그는 이렇게 자신에게 말한다. '아니, 나에게 부여된 모든 것을 망가뜨리면서도 이것을 회복할 수 없다는 생각을 가지고 이 세상을 떠난다고 한다면, 그때는 도대체 어떻게 될 것인가?' 그는 벌렁 드러누워서 완전히 새로운 눈으로 자신의 전 생애를 다시 한번 고쳐 보기 시작했다.

그는 자신의 생활을 형성하는 모든 것들이 모두 가짜이며, 삶도 죽음도 무섭고 거대한 기만이라는 것을 깨달았다. 그가 사흘 동안 쉴 새 없이 죽음의 고통으로 소리치며 진짜 최후의 시간이 온 것을 깨닫던 바로 죽기 2시간 전에, 침대 옆에 다가온 중학생 아들 머리 위로 자신의 손이 떨어졌다. 그러자 아들은 아버지의 손을 붙잡고 입술에 대더니 울기 시작했다. 그제야 이반 일리치는 자신의 삶이 잘못되었다고 생각했다. 그는 눈을 뜨고, 아들의 모습을 보며 아이가 불쌍하다는 생각을 했다. 그의 아내가 옆으로 다가와 눈물을 닦지 않은 채 절망의 표정을 보이며 자신을 바라봤다. 그러자 아내가 불쌍해졌다. 그는 아들과 아내에게 '용서해 줘.'라고 말하고 싶었다.

드디어 그는 죽기 직전에 삶의 진정한 의미에 대해서 깨닫게 된 것이다. 그는 지금까지 자신을 괴롭혀 왔던 죽음의 두려움을 이제 잊을 수 있었다. 그에게 어둠 대신에 빛이 있었다. 그는 처음으로 자신의 곁에 있는 가족을 사랑하는 마음으로 죽음을 맞이할 수 있었다.

죽음을 기억한다는 것은 현실의 삶에 충실하라는 말이다. 로마 제국의 마지막 황제였던 스토아 철학자 마르쿠스 아우렐리우스 Marcus Aurelius Antoninus는 『명상록』에서 이렇게 말했다.

당장이라도 세상을 떠날 수 있는 사람처럼 모든 것을 행하고, 말하고, 생각하라.

(......)

네 시간은 한정되어 있으며, 네가 마음의 평정을 얻는 데 쓰지 않으면, 네 시간도, 너도 사라질 것이고, 두 번 다시 그런 기회가 오지 않을 것이라는 것도 이제야말로 알아야 할 때다.

삶의 끝자락에서 인생을 잘못 살았다고 후회해 봤자 시간을 되돌릴 수 없다. 비록 죽을 운명이라는 짐을 짊어진 채 하루하루 살아가고 있지만, 그 하루하루가 마치 자신의 마지막 날인 것처럼 삶에 의미를 부여해야 한다. 현재에 충실하고, 따뜻한 마음으로 서로 사랑하며, 감사하는 마음으로 살아가야 한다.

"죽음을 통해 단 한 번뿐인 이 삶을 사랑하라!"

◈

기다림은 고독과 한 몸이다.
물론 기다림은 꼭 만남을 전제로 하지 않아도 좋다.
단지 그 과정이 중요하니까. 기다림 속에서 살아가는 동안
가장 중요한 것은 나 자신을 아는 것이다.
절대적으로 중요한 한 가지는 자기 본연의 모습이 무엇인지를 깨닫는 것이다.

6장

❦

행복해지고
싶을 땐

LITERATURE THAT
COMFORTS
MY LIFE

지혜

◆

오로지 내가 내 삶을
한층 한층 쌓아 갈 뿐
헤르만 헤세의 『싯다르타』

헤르만 헤세(Hermann Hess)의 『싯다르타』는 싯다르타와 그의 친구 고빈다가 속된 현실의 세계를 떠나서 자기 발견을 위한 구도자의 길을 떠나는 정신적 여정을 보여 주는 작품이다. 이 소설은 소년 싯다르타, 장년 싯다르타, 노년 싯다르타, 이렇게 세 부분으로 나눌 수 있다.

고행길을 떠난 소년 싯다르타

싯다르타는 인도의 사성계급 가운데 가장 높은 바라문의 아들로 태어났다. 그는 어려서부터 지식욕에 불탔으며 총명해서 위대한 현인이자 사제가 될 아름다운 소년으로 성장했다. 그는 모든 사람에게 기쁨을 주었으므로 모두가 그를 사랑했다. 특히 그의 친구이자 바라문의 아들인 고빈다는 그 누구보다 싯다르타를 사랑했다. 하지만 정작 싯다르타 자신은 기쁨을 느끼지 못했다. 그는 부모님이나 친구 고빈다의 사랑이 자신을 영원토록 행복하게 해 주거나 만족시켜 주지 못할 것을 알았다. 한편으로 지혜로운 바라문들의 최고의 혜안으로도 정신적 만족이나 영혼의 안정을 얻지 못했다.

그러던 어느 날 싯다르타는 그의 친구이자 그림자인 고빈다와 함께 사문의 길로 들어서게 되었다. 두 젊은이는 사문들과 함께 생활하면서 수행했다. 그는 하루에 한 끼만 먹었고, 호흡을 아예 멈추어 버리는 법을 배웠다. 또한 사문들 가운데 최연장자의 가르침을 받아 자기 초탈 수련과 침잠 수련을 배웠다.

그는 그러한 고행을 통해 많은 능력을 얻게 되었다. 한 마리의 왜가리가 되고, 썩은 고기가 되고, 돌이 되고, 나무가 되고, 물이 되어 보았다. 하지만 싯다르타는 수천 번씩 자아로부터 도망쳐 나왔지만, 자아로 되돌아오는 것을 도저히 피할 수가 없었다. 결국 윤회의 사슬을 벗어나지 못한 채 갈증을 느꼈고, 그 갈증을 극복하려 또다시 새로운 갈증을 느꼈다.

어느덧 수행한 지 3년 정도 지났을 무렵에, 두 젊은이에게 세존 고타마가 내면에서 세상의 번뇌를 극복하고 윤회의 수레바퀴를 정지시켰다는 소문이 들려왔다. 그리하여 그들은 고타마의 설법을 듣기 위해 떠났다. 하지만 친구 고빈다만 고타마의 설법을 듣고 승려의 길을 가게 되고 싯다르타는 다른 길을 가게 되었다. 싯타르타는 우연히 만난 세존 고타마에게 이렇게 말했다.

한순간도 저는 당신에게 의심을 품은 적이 없습니다. 당신이 부처님이라는 것, 당신은 그 목표에, 그러니까 수천의 바라문들과 바라문의 아들들이 도달하려고 애쓰는 그 최고의 목표에 도달하셨다는 것을 저는 한순간도 의심하여 본 적이 없습니다. 당신은 죽음으로부터의 해탈을 얻으셨습니다. 죽음으로부터의 해탈은, 당신이 그것을 얻기 위하여 나아가던 도중에 당신 스스로의 구도 행위로부터, 생각을 통하여, 침잠을 통하여, 인식을 통하여, 깨달음을 통하여 얻어졌습니다. 그것이 가르침을 통하여 이루어지지는 않았다는 말씀입니다! 세존이시여, 저의 생각은 이렇습니다. '어느 누구에게도 해탈은 가르침을 통하여 주어지는 것이 아니다.' 바로 이것이 저의 생각입니다. 세존이시여, 당신은, 당신이 깨달은 시간에 무슨 일이 일어났는가를, 아무에게도 말이나 가르침으로 전달하여 주실 수도, 말하여 주실 수도 없습니다.

싯다르타는 고타마의 가르침 그 자체로부터 해탈에 이를 수 없다는 것을 깨달았다. 결국 그는 그곳을 떠나 다시 걷기 시작했다. 더 나은 가르침을 찾기 위해서 떠난 것이 아니라, 스스로 해탈을 얻을 수 있는 구도자의 길을 찾아 나선 것이다. 진정한 깨달음은 누구에게 배워서 아는 것이 아니라, 스스로 깨우칠 수밖에 없다는 사실을 알게 된 것이다. 그는 지식은 전달할 수 있지만, 지혜는 아무리 현인이라 해도 남에게 전달할 수 없다는 사실을 이미 깨우친 것이다. 그는 지식이나 자기 초월 명상법 같은 것을 배우면서 위안을 받을 수 있었지만, 지금까지의 자신의 삶을 송두리째 변화시킬 수 있는 길을 찾아 떠난 것이다.

싯다르타는 천천히 발걸음을 옮기면서 자기 자신에 대하여 아무것도 모르고 있다는 생각이 불현듯 떠올랐다. 지금까지 자아의 가장 내면에 있는 미지의 궁극적인 것을 찾아내기 위해 노력했지만 결국 나 자신은 낯설고 생판 모르는 존재로 남아 있다는 사실을 깨달은 것이다.

싯다르타는 지금까지 외부에서 삶의 해답을 찾고 있었다. 그래서 이제 그는 어떠한 가르침보다도 자기 자신한테서 배울 것이며, 자기 자신의 비밀을 알아낼 것이라고 결심했다.

사랑의 환희와 막대한 부를 좇은 장년 싯다르타

강가에 있는 뱃사공의 초가집에서 하룻밤을 자고 날이 밝아오자 싯다르타는 뱃사공에게 강 건너로 데려다 달라고 부탁했다. 큰 도시에 도착한 싯다르타는 유명한 기생인 카말라라는 여인을 보고 그녀의 아름다움에 빠지게 되었다. 카말라를 만나 제2의 삶인 속세의 삶, 쾌락의 삶이 시작되었다. 그는 카말라의 소개를 받아 상인 카마스와미에게서 사업하는 법을 배워서 많은 돈을 벌었다.

싯다르타는 그곳에서 오랫동안 부유함도 맛보았고, 환락도 맛보

앉으며, 권력도 맛보았다. 하지만 그는 무사안일한 권태로운 생활에 휩싸였고 지치고 지겨운 삶이 엷은 안개처럼 그의 주변에 드리웠다. 고빈다와 작별한 후 속세에서의 새로운 삶도 이제 낡아빠지게 되었고 쾌락, 욕구, 태만이라는 세상의 덫에 사로잡힌 자신의 그림자를 발견하게 되었다. 그는 이러한 욕망의 그림자를 보고 혼란에 빠졌다. 자신을 받쳐주던 확고부동한 지주였던 '단식, 사색, 기다림'이라는 세 가지 재주 가운데 아무것도 남아 있지 않았다. 이제 다시 원점으로 되돌아가 어린아이 상태에서 다시 시작해야 한다니, 무엇이 잘못된 것일까?

싯다르타는 카말라의 금빛 찬란한 새장에 자그맣고 희귀한 새 한 마리가 죽어 있는 꿈을 꾸었다. 그는 꿈에서 깨어나면서 깊은 비애감과 자신의 인생이 무가치하고 무의미하다는 생각에 빠졌다. 바로 그날 밤 싯다르타는 자신의 정원을 떠났으며, 다시는 그 도시로 되돌아오지 않았다.

삶의 지혜를 깨닫고 해탈의 경지에 들어선 노년 싯다르타

이제 그 도시에서 빠져나와 강기슭에 서 있던 싯다르타는 젊은 시절 이 강을 건너게 해 준 뱃사공 바주데바를 만나서, 지금까지 자신이 살아온 인생을 이야기했다. 뱃사공 바주데바는 온 마음을 기울여 그의 이야기를 들어주었다. 싯타르타는 그런 그에게 경청하는 법을 배우고 싶다고 말했다. 그러자 바주데바는 싯다르타에게 우리는 강으로부터 모든 것을 배울 수 있다고 말한다.

"남의 말을 귀담아듣는 것을 나에게 가르쳐 준 것은 강이었어요. 당신도 강으로부터 그것을 배우게 될 거예요. 그 강은 모든 것을 알고 있어서, 우리는 강으로부터 모든 것을 배울 수 있지요. 보세요, 당신도 이미 강물로부터, 아래를 향하여 나아가는 것, 가라앉는 것, 깊이를 추구하는 것이 좋은 일이라는 것을 배웠어요. 부유하고 고귀한 신분의 싯다르타가 노 젓는 천한 사람이 되리라, 학식 높은 바라문인 싯다르타가 뱃사공이 되리라, 이러한 것도 강이 당신에게 들려준 말이지요. 당신은 다른 것도 강으로부터 배우게 될 거예요."

노자의 『도덕경』 제8장 첫머리에 '최고의 선은 물과 같다는 뜻'의 '상선약수上善若水'라는 말이 나온다. 노자는 '도'를 물에 비유하면서 우리에게 물처럼 살아야 한다고 말한다. 물은 언제나 모든 사람이 싫어하는 낮은 곳을 향하여 흐른다. 삶이 물처럼 그 자체로 흘러가게 내버려 둬야 한다. 그저 강물의 흐름에 자신을 내맡긴 채 흘러가면 된다. 그 흘러감 자체에서 우리는 궁극의 깨달음을 얻을 수 있다.

싯다르타도 이제 자신의 인생이 한 줄기 강물과 같다는 사실을 깨닫고 자신의 인생을 다시 바라보게 되었다. 소년 싯다르타는 장년 싯다르타와 노년 싯다르타로부터 단지 그림자에 의하여 분리되어 있을 뿐, 진짜 현실에 의하여 분리되어 있는 것이 아니라는 사실을 말이다. 다시 만난 카말라가 독사에 물려 죽고, 도망간 아들로 인해 오랫동안 괴로워했지만, 그는 이제 완성된 경지에 이르게 되었다.

우리의 인생은 언제나 현재진행형

우리는 누구든 삶의 주인공처럼 살아가고 싶어 한다. 하지만 도대체 우리는 어디에서 왔고, 도대체 무엇 때문에 계속 길을 가야 하며, 도대체 어디를 향해 가야 하는지조차 알지 못한다. 이러한 부조리로 인해 우리는 삶의 주인공은커녕 방관자처럼 살아간다.

각자의 인생은 한 권의 소설책에 비유할 수 있다. 만약 우리의 삶이 10장으로 구성된 소설책이라면, 청춘인 우리의 삶은 이제 2장에서 4장 사이쯤에 와 있는 것이다. 삶의 끝이 해피 엔딩으로 끝날지, 아니면 새드 엔딩으로 끝날지는 아무도 알 수가 없다. 모든 것이 미완성인 상태로 존재한다. 미래의 삶은 아직 미완성이기 때문에, 내가 지금 어디로 갈 것인지, 또 무엇을 할 것인지에 따라 이야기가 다르게 진행된다. 그런데도 2장에 나오는 슬픈 사랑 이야기에 혹은 4장에 나오는 실패한 일에 집중하면서 고통스러운 날을 보낸다.

아직 우리의 인생이 미완성이라는 사실을 기억하자. 전체를 볼 수도 없고, 전체를 행할 수도 없다는 사실을 깨달아야 한다. 만약 과거나 현재의 마음속 혼란과 불행한 일을 있는 그대로 받아들이지 못한다면 더는 이루어야 할 꿈을 가질 수 없다. 중요한 것은 현재 우리가 어디에 있느냐가 아니라, 어디를 향해 나아가고 있느냐이다. 지금 잠깐 불행하고 절망스러운 순간을 보내고 있다고 해서 망쳐 버린 인생이라고 말할 수 없다. 삶은 먼 훗날 인생이라는 소설의 마지막 장을 덮는 순간에 평가할 수 있을 것이다.

기다림

우리의 인생은
기다림이다

사뮈엘 베케트 『고도를 기다리며』

뭔가를 기다리는 동안에는 복합적인 기분에 휩싸인다. 권태, 분노, 슬픔, 공포가 스멀거리며 올라온다. 특히 권태로움에 빠져 더 강한 욕망에 사로잡힌다. 권태로움에 허기진 마음은 더 많은 자극을 불러들이지만, 허기는 쉽게 가시지 않는다. 하지만 권태로운 기분이 들 때, 이것이 나의 진정한 모습은 아니라는 것을 안다.

사뮈엘 베케트의 『고도를 기다리며』의 제1막은 돌 위에 앉아서 구두를 벗으려고 끙끙거리는 '에스트라공'과 그의 동행자 '블라디미르'가 '고도Godot'가 나타나기를 기다리는 것으로 막을 연다.

에스트라공: 멋진 경치로군. (블라디미르를 돌아보며) 자, 가자.

블라디미르: 갈 순 없어.

에스트라공: 왜?

블라디미르: 고도를 기다려야지.

에스트라공: 참 그렇지. (사이) 여기가 확실하냐?

블라디미르: 뭐가?

에스트라공: 기다려야 하는 곳이 여기냔 말야?

블라디미르: 나무 앞이라고 하던데. (둘은 나무를 바라본다) 다른 나무들이
보이냐?

에스트라공: 이건 무슨 나무지?

블라디미르: 버드나무 같은데.

그들이 기다리는 것은 무엇인가?

두 방랑자, 에스트라공과 블라디미르는 막연히 고도를 기다리고
있다. 그들은 자신들이 기다리는 그 고도가 누구인지, 무엇인지, 언
제 올지도 모른다. 아마도 그들의 기다림은 아주 오래전부터 시작되
었던 것 같다. 앞으로도 고도가 올 때까지 마냥 기다릴 수밖에 없는
운명이다. 그들은 언제부터 고도를 기다렸을까? 기다리는 목적도,
이유도, 그리고 기한도 모른 채 더는 아무것도 기다릴 것이 없을 때
까지 그저 기다리면서 시간을 보낸다.

213

그들의 삶은 단조롭고 권태롭다. 초조하고 불안한 삶에 지쳐 힘들지라도 그들은 단지 그 고도를 기다리며 버티고 있다. 하지만 기다림의 끝에 두 사람 앞에 나타난 것은 슬프게도 고도가 아니었다. 고도가 보낸 소년이었다. 소년은 "고도 씨가 오늘밤엔 못 오고 내일은 꼭 오겠다고 전하랬어요."라는 말을 하고는 사라진다. 에스트라공과 블라디미르 두 사람은 기다림에 지쳤지만 지루한 삶을 죽음으로 마감하지 않는다. 삶에 대한 희망조차 잃어버렸지만, 그들은 계속해서 고도를 기다린다.

블라디미르는 에스트라공에게 혼돈 그 자체인 삶에서도 단 하나 확실한 게 있다고 말한다. 고도가 어떤 존재인지, 언제, 어디로 올지는 모르지만, 다행히도 우리는 고도가 오기를 기다려야 한다는 것을 확실히 알고 있다는 것이다. 또 하나 확실한 것은 오랜 기다림 속에 온갖 짓거리를 다 해가며 시간을 메울 수밖에 없다는 것이다. 왜냐하면 그 긴 시간 동안 지독하게 지루하기 때문이다.

이 작품은 고도를 기다리며로 시작된 1막이 2막에서도 고도를 기다리며로 막을 내린다. 『고도를 기다리며』는 이 연극을 보는 관객이나 이 작품을 읽는 독자마저도 고도라는 인물이 등장하기를 간절히 기다리다가 지독한 지루함에 빠질지 모른다. 블라디미르와 에스트라공은 기다리면서 죽어갈 운명이기에 하루하루가 권태로운 삶이다. 그들은 삶의 한가운데를 지나 많은 세월을 살았지만 남은 삶도 기다리기를 계속해야 한다.

내면의 공허함을 이겨내는 방법

매일 똑같은 생활을 반복하며 삶의 의미를 잃어버렸을 때 우리는 권태로움을 느낀다. 철학자 버트런드 러셀Bertrand Russell은 『행복의 정복』에서 권태가 생겨나는 이유 가운데 하나는 '어쩔 수 없이 상상하게 되는 지금보다 바람직한 상황과 현재 상황의 대조'에 있다고 말한다. 그리고 또 다른 하나는 '자신의 능력을 충분히 발휘할 필요가 없을 때'에도 권태에 빠진다고 한다.

에스트라공과 블라디미르의 삶이 권태로운 것은 그들의 삶을 구원해 줄 고도라는 인물의 등장이라는 바람직한 사건이 일어나지 않았기 때문이다. 그들은 현재 자신의 삶에 만족하지 못하고 불확실한 미래에 삶의 전부를 걸었다.

그들처럼 우리도 늘 '이것만으로는 부족하다'라는 욕망 속에 살고 있고, 가진 자는 더 많이 갖고자 탐욕을 부린다. 그래서 버트런드 러셀은 '권태의 반대는 즐거움이 아니라 자극'이라고 말한다. 권태로움을 없애기 위해서는 자극이 필요하다. 다시 말해 공허한 마음은 권태로움을 불러일으키고 다시 그 권태로움은 더 강한 자극을 갈망하며, 그 열망이 성취되는 순간 또 다른 내면의 공허함이 발생하게 된다. 길지 않은 삶 동안 마르지 않는 욕망, 지독한 권태로움, 내면의 공허함 순으로 끊임없는 악순환이 이어진다.

어떻게 이러한 악순환의 연결고리를 끊을 수 있을까? 독일의 철학자인 쇼펜하우어는 『쇼펜하우어의 행복론과 인생론』에서 이런 방법을 제안한다. 바로 내면의 공허함을 외적 자극이 아닌 정신적인 것들로 채워 넣는 것이다. 그는 온갖 종류의 사교와 오락, 여흥과 사치를 병적으로 추구하는 까닭이 주로 이러한 내면의 공허 때문에 발생한다고 본다. 이런 사람들은 쾌락에 탐닉하며 많은 시간을 낭비하고 결국 비참한 상태에 빠진다. 쇼펜하우어는 이런 잘못된 길로 빠지지 않게 지켜주는 것이 '정신의 풍요'라고 말한다. 다시 말해 정신이 풍요로워질수록 내면의 공허가 들어찰 공간이 줄어든다.

한편으로 무료함 즉, 권태가 그렇게 나쁜 것만은 아니다. 어느 정도의 권태가 있기에 새로운 삶을 추구할 수 있다. 권태에서 벗어나고자 하는 욕망도 삶을 풍요롭게 하는 측면이 있다. 그래서 『고도를 기다리며』의 2막 마지막에서 고도만을 기다리며 지루한 시간을 보내는 두 방랑자, 에스트라공과 블라디미르는 이렇게 말한다.

에스트라공: 우리 헤어지는 게 어떨까? 그게 나을지도 모른다.
블라디미르: 내일 목을 매자. (사이) 고도가 안 오면 말야.
에스트라공: 만일 온다면?
블라디미르: 그럼 살게 되는 거지.

에스트라공과 블라디미르는 당장 내일 목을 매자고 말하면서도 삶을 희망한다. 그들도 지독하게 권태로운 시간을 보내고 있지만 결국 삶에 대한 희망을 찾고 있는 것은 아닐까? 그들은 또다시 고도를 기다리는 것으로 이 희곡의 막이 내린다. 그들은 기다림을 견뎌냈고, 이제 그들에게 남겨진 삶의 과제는 영원히 고도를 기다리는 일만 남아 있다.

기다림으로 점철된 우리네 삶

과연 고도는 누구일까? 아마도 신, 구세주, 구원자, 자유, 행복, 빵, 희망 아니면 죽음일지도 모른다. 사뮈엘 베케트조차도 고도가 누구인지 알았더라면 작품 속에 썼을 것이라고 말했으니 그것은 각자가 생각할 몫이다. 어쩌면 막연한 기다림은 인간의 삶 그 자체이며 존재의 조건인지도 모르겠다.

우리는 태어나서 죽을 때까지 수많은 기다림으로 점철된 삶을 살아간다. 기다림 속에서 살아가는 존재인 것이다. 하지만 기다리는 동안 의지할 것은 아무것도 없다. 기다림은 기다리는 존재를 무시하고 파괴할 수도 있고 심지어 죽음에 이르게 할 수도 있다.

프랑스 출신의 작가이자 사상가인 모리스 블랑쇼^{Maurice Blanchot}는 『기다림의 망각』에서 "기다림은 위안을 주지 않아요. 기다리는 자들은 어떠한 것에서도 위안을 받을 일이 없습니다."라고 말한다. 다시 말해 기다리는 동안 누구에게도 위로받을 수 없다. 기다림은 고독과

한 몸이다. 물론 기다림은 꼭 만남을 전제로 하지 않아도 좋다. 단지 그 과정이 중요하니까. 기다림 속에서 살아가는 동안 가장 중요한 것은 나 자신을 아는 것이다. 절대적으로 중요한 한 가지는 자기 본연의 모습이 무엇인지를 깨닫는 것이다.

에스트라공과 블라디미르가 지금 우리의 모습이 아닐까 생각해 본다. 우리의 삶은 거센 물살처럼 죽음을 향해 소용돌이치고, 나약한 우리는 그 속으로 휩쓸려 간다. 길을 잃기도 하고 자신이 스스로 만든 감옥에 갇히기도 하며, 막다른 골목에 다다르기도 한다. 만약 고도가 신이거나 구원이라면, 기다림 속에서 살아가는 에스트라공과 블라디미르를 포함한 사람들 대부분은 기다림으로 시작한 이곳의 삶과, 그 끝인 저 너머의 죽음 이후의 세상이 기다림과 함께 다가올 것이라고 믿는다. 그래서 우리의 삶은 항상 현재를 꿈꾸면서, 또한 저 너머에 있는 이데아를 꿈꾼다. 하지만 내일 온다는 그 고도가 설사 내일 오지 않더라도 또다시 기다림을 시작하며 지금 자신에게 주어진 길을 가야 하지 않을까.

고도를 기다리며 영원히 마르지 않는 샘물 같은 삶을 추구하며 살아가야 한다. 권태로움 가운데에서의 기다림, 고도를 구원의 대상으로 여겨졌던 기다림, 그러다가 결국 인생 자체에 대한 염증으로 여겨졌던 기다림, 그런 기다림을 견뎌낼 수만 있다면, 약간은 권태롭더라도 버틸 수 있는 삶이다. 진정한 기쁨은 조금은 지루하더라도 이런 분위기 속에만 깃들기 때문이다.

에스트라공과 블라디미르는 차가운 기다림이라는 고통 속에서 서로 무의미한 어떤 말들을 나누면서 지나가 버린 과거에도, 그리고 현재에도, 다가올 미래에도 똑같은 관계를 유지하려고 애썼다. 우리도 그들처럼 각각의 순간과 마주해, 마치 그것을 영원처럼 여기며 나아간다. 하지만 기다렸던 모든 순간은 덧없는 것이 되어 버리고 만다. 정상을 향해 돌을 밀어 올리지만, 또다시 들판으로 굴러떨어지는 영원한 형벌을 받았던 그리스 신화의 시시포스처럼, 우리는 부조리한 삶을 받아들여야 할 운명이다.

기다림이 없는 저 너머의 세상으로 갈 때까지 또다시 기다림으로 새롭게 시작해야 한다. 그때는 아마도 기다림이 더는 문제가 되지 않는 순간이 올 것이다. 기다림이 우리에게 시간을 주고, 시간은 우리에게 기다림을 준다. 우리에게 필요한 것은 기다릴 줄 아는 지혜다.

운

인생이란 좋은 것도
나쁜 것도 아니다

기 드 모파상 『여자의 일생』

잔느는 열일곱 살에 수도원을 나와 자유의 몸이 된 후 오래전부터 그토록 꿈꾸어 왔던 인생의 모든 행복을 갈망한다. 귀족 가문의 유서 깊은 성, 푀플 저택에서 사랑하는 부모님과 하녀인 로잘리 등과 함께 유쾌하고 자유로운 삶을 산다. 하지만 젊은 자작 쥘리앵이 나타나면서 잔느의 삶은 자신이 꿈꾸어 왔던 것과 달리 실망과 고뇌의 연속이 시작된다.

쥘리앵은 신혼여행에서 돌아온 후로 완전히 딴사람으로 변한다. 그의 바람기로 사랑은 흔적조차 남지 않고 사라져 버린 것이다. 쥘리앵은 이미 잔느와 연애할 때 하녀 로잘리와 관계를 맺고, 아이까지 낳는다. 또 잔느가 친구라고 믿고 지냈던 푸르빌 백작부인과도 관계를 맺다가 결국 아내의 불륜 사실을 알아차린 백작에게 비참하게 살해당한다.

기 드 모파상^{Guy de Maupassant}의 『여자의 일생』은 순진무구한 한 여자의 불행하고도 비극적인 인생을 담담하게 그린 작품이다. 잔느라는 한 여성의 삶을 통해 인생의 빛과 그림자를 적나라하게 보여 주는 작품이다.

삶을 관통하는 허무와 고독

청춘일 때는 누구나 알 수 없는 미래에 대한 막연한 기대 속에서, 포근한 봄날처럼 따스한 사랑을 기대한다. 하지만 가슴 설레던 사랑의 결과가 절정의 황홀함을 맛보기도 전에 찾아온 권태로움과 비극으로 허무하게 끝이 나기도 한다. 『여자의 일생』의 주인공인 잔느의 사랑이 바로 그런 사랑이다.

잔느는 쥘리앵이 신이 자신에게 보내준 운명의 남편인 줄 알았다. 그는 자신을 위해 창조된 존재, 자신의 일생을 바칠 존재로 여기며 숙명으로 받아들인다. 하지만 그런 격렬한 충동과 미칠 듯한 황홀감에 빠져, 사랑이라고 착각한 잔느는 결혼 후 바로 권태로움에 빠진다.

사랑은 변하는 걸까? 아니면 진정한 사랑이 아닌 것을 진정한 사랑으로 착각한 것일까? 사랑하는 사람과 함께하며 행복해질 수는 없는 것일까? 사랑은 그저 사랑하는 사람을 곁에 두고 싶은 강렬한 욕구에 불과한 것일까? 이러한 욕구가 강렬하면 할수록 진정한 사랑인지 아닌지 판단이 흐려지게 마련이다.

염세주의 철학자 쇼펜하우어는 '결혼이라는 결과에서 행복이라는 결론이 맺어지는 경우는 거의 없으므로 결혼 전에 서로 사랑한다는 말은 모두 거짓'이 된다고 말한다. 냄비처럼 뜨겁게 달궈졌던 사랑이 그 열기가 식어버리기까지 채 몇 년도 걸리지 않기 때문이라는 것이다.

바람둥이 남편이 죽은 뒤, 일찍 과부가 된 잔느는 외아들 폴에게 나머지 인생 전부를 걸고 살아가며, "아아, 내겐 운이 없었어. 뭐 하나 되는 일이 없었어. 운명이 평생 악착같이 괴롭혔지."라는 푸념만 늘어놓는다. 이렇듯 삶을 대하는 잔느의 태도를 보면, 그녀는 너무 수동적이었다고 말할 수 있다. 그녀는 삶의 폭풍우가 휘몰아치는 바다에서 이리저리 쓸리다가 운명의 탓만 하는 비련의 주인공이다. 삶의 허무와 고독에 길들여진 채로 살다가 생을 마감할 운명인 것이다.

잔느는 여느 사람들처럼 남편에게도, 자녀에게도 사랑받지 못했다. 그녀는 평범한 삶의 단순한 행복조차 누릴 수 없었다. 때때로 자신은 늙어버렸다는 것, 자기 앞에는 음울하고 고독한 세월만 남고 더는 기대할 게 없다고 푸념했다. 잔느는 집요하고 가혹한 운명의 희생자처럼 보였다.

가혹한 운명 가운데 어디서 행복을 찾아야 할까?

흔히 우리는 운명의 여신이 갖고 놀고자 하는 사람들을 고른다고 이야기한다. 운명의 여신은 친근하게 다가와서 유혹하고 나서는 그들이 안심하고 지내면서 자신들의 몰락을 꿈에도 생각하지 못할 때, 갑자기 그들에게서 등을 돌리고 떠나버림으로써 인간으로서 감내하기 힘든 고통을 안겨 준다고 말한다. 고대 로마 제국 최후의 철학자이자 정치가였던 보에티우스^{Boethius}의 『철학의 위안』에서 이러한 운명의 여신을 찾을 수 있다.

『철학의 위안』은 보에티우스가 유배되어 감옥에 갇히게 된 처지를 한탄하고 있을 때, 철학의 여신이라는 영적인 존재가 찾아오는 장면으로 시작한다. 그 여인의 옷은 절대로 썩지 않는 아주 가는 실로 섬세하고 정교하게 짜여 있다. 옷의 아래쪽에는 그리스어로 '실천'을 의미하는 '프락시스'의 머리글자인 '파이 π'가, 옷의 위쪽에는 '이론'을 의미하는 '테오리아'의 머리글자인 '세타 θ'가, 그리고 그 중간에는 사다리꼴 모양의 계단들이 새겨져 있다. 그것은 아래쪽 글자에서 위쪽 글자로 올라가는 계단 같다.

그리고 그녀의 오른손에는 책들이, 왼손에는 권위를 상징하는 홀이 들려 있다. 그는 운명의 여신이란 제멋대로 왔다가 제멋대로 가버리는 존재라고 말한다. 변덕스러운 운명의 여신이 처음에는 미소를 지으며 다가와 거짓된 행복의 삶을 주다가 그 행복의 탈을 벗겨 슬픔과 비탄의 시간에 빠지게 한다는 것이다. 특히 보에티우스는 우리가 큰 고통을 느끼는 이유는 이전에 자신이 행복했었다는 사실을 알기 때문이라는 것이다.

우리는 어디에서 참된 행복을 찾아야 할까? 어디에서 지금의 비참한 삶에 대한 위안을 얻어야 할까? 철학의 여신은 보에티우스에게 참된 행복이란 무엇인지를 알려 준다. 죽을 수밖에 없는 존재인 인간이 가장 바라는 것은 생명을 보존하는 것이다. 그래서 가족들이 여전히 살아 있음은 복이고, 자신이 얼마나 행복한지를 알아야 한다고 말한다. 참된 행복은 운명의 여신이 좌지우지하는 물질적인 것, 권력, 명성 그리고 육신의 쾌락에 있는 것이 아니라, 자기 자신을 다스리는 데 있다는 것을 강조한다.

"오, 언젠가는 죽게 될 인생들아, 행복은 너희 안에 있는데, 어찌하여 밖에서 찾는 것이냐. (……) 이 세상에는 영원하고 변함없는 것은 하나도 없고, 오직 잠시 왔다가 가버리는 덧없는 것들만이 존재한다는 것을 확실히 알아야 한다. 만일 행복이 이성으로 살아가는 인간에게 가장 좋은 '최고선'이라면, 행복은 빼앗길 수 없는 것이어야 한다. 따라서 운명의 여신이 가져다주는 행복은 언제 또 빼앗아 갈지 모르는 것이기 때문에, 그런 행복은 인간에게 최고의 행복이라고 말할 수 없다."

보에티우스는 자신의 처지를 반추하면서 '과연 최고의 선으로서

신이 존재한다면 왜 덕은 고통을 당하고 악은 번성하는가, 신은 과연 정의를 제대로 베풀고 있는가?' 하는 의문을 제기한다. 모든 것이 잘못되고 꼬이고 엉망진창인 것들이 단지 우연에 의해서 무작위로 결정되는 것은 아닌가? 신이 앞으로 일어날 모든 일을 미리 알고 있는 완벽한 존재라면 왜 가만히 있는 것일까? 신이 모든 것을 다스리고 주관함으로써 자신의 질서를 따라 만유를 이끌어 가는데, 어떻게 그 질서에서 벗어나서 제멋대로 움직이는 것이 존재할 수 있는가? 또한 모든 것이 신의 섭리에 따라 일어나는데 인간이 자신의 의지와 생각으로 할 수 있는 일이 있는가? 다시 말해서, 신이 모든 것을 미리 알고 있다는 것과 자유의지가 존재한다는 것은 너무나 모순되고 서로 상충하는 것처럼 보인다.

왜냐하면 신이 내가 무엇을 할지 이미 알 수 있으면서 동시에 내가 앞으로 무엇을 할지 자유롭게 선택할 수 있다는 것은 불가능해 보이기 때문이다. 과연 신의 예지와 인간의 자유의지가 조화될 수 있을까?

신이 우리가 무엇을 할지 이미 알고 있다면 어떻게 우리는 스스로 무엇을 할지에 대해 선택할 수 있을까? 내 삶의 아주 사소한 부분까지도 이미 계획되어 있다면 이것은 우리 행동에 대해 선택권이 없다는 말이 아닌가? 또한 선택권이 없는 우리 행위에 대해서 형벌을 주거나 보상하는 것이 어떻게 정당할 수 있는가? 이것을 철학자들은 '패러독스paradox' 또는 '역설'이라고 부른다.

우리에게 자유의지가 있을까? 신은 우리에게 자유의지를 선물로 주었을까?

인생의 진실

잔느는 이제 남편이 죽은 뒤 아버지와 루이종 숙모와 함께 외아들인 폴의 성장을 유일한 낙으로 삼으며 살아가고 있다. 너무 철없이 귀엽게만 기른 탓인지 폴은 런던과 파리를 전전하면서 도박에 빠져 지내다 끝내 가산을 탕진해 버리고 만다. 결국 아버지와 숙모도 세상을 떠나고, 저택도 팔아 버린 잔느는 나이가 들어가며 고독과 절망 속에 산다. 잔느는 자신이 맡게 된 폴의 딸인 손녀를 키우며 이제 남은 삶을 하녀 로잘리와 함께 살아갈 결심을 한다.

그러자 무한한 감동이 그녀에게 밀려왔다. 그녀는 갑자기 포대기를 벗겨 아직 보지 못한 아기의 얼굴을 보았다. 자기 아들의 딸이었다. 밝은 빛에 놀란 연약한 생명이 입을 오물거리며 파란 눈을 떴다. 잔느는 아기를 꼭 끌어안고, 품속에 들어 올려, 키스를 퍼붓기 시작했다.

하녀 로잘리는 기뻐하면서도 퉁명스럽게 잔느를 제지했다. "자, 자, 잔느 마님, 그만하세요. 아기가 울겠어요."

로잘리는 손녀를 만나 기뻐하는 잔느에게 인생이란 사람들이 생각하는 것만큼 그렇게 좋은 것도 그렇게 나쁜 것도 아니라고 말한다. 참된 행복은 부와 권력, 명예처럼 나타났다가 곧 사라지는 것이 아니라 자신의 마음 상태에 있다.

후기 스토아학파의 철학자인 에픽테토스는 '사람들을 심란하게 하는 것은 그 일pragma 자체가 아니라, 그 일에 대한 그들의 믿음dogma'이라고 말한다. 원래 세상에는 좋은 것도, 나쁜 것도 없다. 단지 우리의 믿음 즉, 생각이 그것을 결정할 뿐이다. 우리는 '만일 그때 그런 일을 겪지 않았더라면 아무 일도 일어나지 않았을 텐데'라는 생각을 수시로 하며 살아간다. 하지만 중요한 것은 그 일에 대한 우리의 생각과 믿음이다.

우정

친구는
제2의 자아

헤르만 헤세 『나르치스와 골드문트』

공자는 좋은 사람과 함께 지내는 것은 마치 지초와 난초의 방에 들어간 것과 같아서 함께 오랜 시간 있다 보면 그 향기는 맡지 못하고 그 향기에 동화된다고 말한다. '지란지교芝蘭之交'는 이러한 공자의 말에서 유래된 사자성어로, 지초와 난초같이 향기롭고 맑은 친구 간의 우정을 뜻한다.

헤르만 헤세의 『나르치스와 골드문트』는 지초와 난초 같은 나르치스와 골드문트라는 두 남자주인공의 우정에 관한 이야기다. 소년 골드문트는 아버지의 뜻에 따라 수도원에 들어오면서, 수습 교사였던 젊은 나르치스와 만나게 된다. 나르치스와 골드문트는 처음 만난 이후로 서로에게 이끌리어 우정의 싹을 틔운다.

특히 이 작품은 『지와 사랑』이라는 제목으로도 번역되어 출간되었는데, 지성은 나르치스를, 사랑은 골드문트를 각각 상징한다. 나르치스가 이성적이고 분석적인 삶을 추구하는 지성의 소유자였다면, 골드문트는 감성적이며 예술가적 영혼의 소유자였다. 그런데 이토록 서로 다른 기질의 나르치스와 골드문트가 어떻게 서로에게 끌렸던 걸까?

군계일학처럼 외로운 존재였던 나르치스는 골드문트가 모든 면에서 자기와 상반된 존재인 듯하면서도 닮은 데가 있다는 것을 직감으로 알았다. 나르치스가 어두운 성격에 깡마른 체격이었다면 골드문트는 눈부시게 화사한 존재였다. 또 나르치스가 사변가요 분석가였다면 골드문트는 몽상가로서 어린아이처럼 순진한 영혼의 소유자로 보였다. 그렇지만 두 사람 사이의 그러한 대립적 측면보다는 공통점이 더 컸다. 둘은 훌륭한 인격자였고 두 사람이 보여 주는 재능과 개성은 다른 생도들에 비해 두드러졌으며, 또 둘은 숙명적으로 그 어떤 특별한 경고를 받으며 태어난 존재였던 것이다.

지독한 외로움에서 벗어나는 법

누이도 없고 어머니도 없이 성장한 골드문트는 현실의 세계 너머 다른 삶을 꿈꾸는 몽상가였으며, 외롭고 정처 없는 방랑자처럼 살아가는 자유로운 영혼이었다. 그는 도덕적인 생활에서 벗어나 자신의 내면에서 강하게 치솟는 욕망에 충실했다. 자유롭게 방랑하고 싶은 욕망, 누군가와 격렬한 사랑에 빠지고 싶은 욕망, 자신의 예술적 감성을 그림으로 그리고 싶은 욕망이 있었다. 또한 한편으로는 고독과 고뇌에 빠져들고, 고통과 죽음을 관찰하며 삶의 덧없음을 관찰했다.

골드문트는 자신의 내면의 소리에 귀 기울일 줄 알았다. 그는 냉정한 이성보다는 열정이, 관념보다는 감각이 더 강했기 때문에 열정과 감각을 부정해야 하는 수도원의 규율대로 살아갈 수 없는 운명이었다. 이러한 골드문트의 본성을 나르치스는 환히 꿰뚫고 있었다.

나르치스는 골드문트가 수도원에서 금욕의 길을 걸어갈 운명이 아니란 걸 알았다. 그래서 그는 골드문트가 본연의 천성을 되찾도록 도와주는 것이 자신이 할 일이라고 생각했다. 외로움으로 가득했던 골드문트에게 나르치스와의 우정은 일종의 방황하는 삶의 구원이자 상처받은 영혼의 치유였다.

요즘 1인 가구가 늘어나면서 주위에 외롭다고 말하는 사람들이 점점 많아지고 있다. 사람은 누구나 외로움을 느낀다. 외로움의 가장 큰 문제점은 완전히 혼자라고 느낄 때 극심한 고통과 슬픔에 빠진다는 점이다. 특히 감수성이 예민하고 열정적인 사람일수록 홀로 있을 때 더 외로움을 잘 느낀다.

사소한 문제라도 외로울 때는 더욱 심각하게 받아들여지게 마련이다. 물론 외로움이 혼자가 되었다고 해서 반드시 느끼는 감정은 아니다. 외로움의 원인에는 여러 가지가 있을 수 있다. 삶이 주는 고통, 질병, 죽음, 슬픔 등은 우리를 외롭게 만든다. 사랑하는 사람과 이별하고 홀로 남겨진 사람이 느끼는 외로움처럼 어떤 상황의 변화 때문일 수도 있고, 타고난 유전적 요인이나 자라 온 환경적 요인 때문에 충족되지 못한 애착으로 인한 외로움도 있을 수 있다.

골드문트의 외로움은 후자다. 즉, 골드문트는 기억 속에서 지워져 버린 진짜 어머니라는 존재에 대한 그리움 때문에 외로움이라는 감정에 빠져 방황할 수밖에 없었다. 이러한 고질적 외로움을 골드문트는 어떻게 극복할 수 있었을까? 그것은 바로 나르치스라는 친구 덕분이었다. 지독한 외로움도 진정한 친구를 만나 우정을 나누는 것으로 벗어날 수 있다.

진정한 우정이란 무엇일까? 아리스토텔레스는 『니코마코스 윤리학』에서 우정을 세 가지 유형으로 분류했다. 유익을 이유로 한 우정과 즐거움을 이유로 한 우정, 그리고 탁월성에 근거한 우정이다. 유익이나 즐거움의 우정은 상대로부터 어떤 좋음이나 쾌락이 생겨나는가?라는 조건 안에서 우정을 나눈다. 따라서 만약 더 이상 상대방이 원하는 이익이나 쾌락을 주지 못한다면 그들의 우정도 끝나게 된다. 반면, 탁월한 우정 즉, 진정한 우정은 이해관계를 떠나 신뢰감을 바탕으로 맺어졌기 때문에 오랜 세월 유지된다. 철학자 키케로는 『우정에 관하여』에서 이렇게 고한다.

"가이유스 판니우스와 퀸투스 무키우스여, 내 거듭 말하노니, 우정을 맺어 주는 것도 미덕이고 우정을 지켜주는 것도 미덕이라네. 조화와 안정과 신뢰는 모두 거기에서 비롯된다네. 그리고 미덕이 고개를 들어 제빛을 드러내며 남에게서 똑같은 빛을 보고 그것을 알아보게 되면 그쪽으로 움직이면서 남이 가진 것을 서로 받아들인다네. 그 결과 사랑^{amor} 또는 우정^{amicitia}이 타오르기 시작하지. 이 두 단어는 '사랑하다^{amare}'라는 말에서 유래한 것이기에 하는 말일세. '사랑한다' 함은 다름 아니라 사랑의 대상을 필요나 이익을 떠나 자진하여 좋아하는 것을 말한다네. 그렇지만 자네가 특별히 이익을 추구하지 않더라도 우정에서는 이익이 많이 생기게 마련이네."

결국 골드문트는 수도원을 떠나 방랑자의 삶을 시작한다. 도덕의 굴레에서 벗어나 여자들과 관계를 맺고, 자신의 금화를 훔치고 죽이려는 방랑객을 살해하는 등 수많은 일을 겪는다. 그가 노인의 모습이 되어 다시 나르치스에게 돌아오기까지 삶을 버틸 수 있었던 이유는 바로 나르치스와의 우정의 힘 덕분이었다. 그들은 따뜻한 미덕으로 맺어진 우정이었다. 골드문트의 외로움을 지탱해 준 것은 자기 자신의 불빛이 아니라 친구 나르치스의 불빛이었던 것이다.

오랜만에 옛 친구와 재회했을 때 골드문트의 기쁨과 감회는 이루 말할 수 없었다. 그는 어릴 적 함께 머물렀던 영혼이 깃든 장소들과 먼 옛날의 추억을 이야기하며 지금 이 순간의 살아 있음에 경이로움을 느낀다. 골드문트는 나르치스에게 자기 인생의 절반은 나르치스에게 잘 보이려고 했던 일들이었다며 고백한다.

"그 당시 자네가 나를 교수대에서 구해 내어 우리가 함께 이곳으로 오던 길에 내가 돌보던 점박이 말이 어떻게 됐냐고 물었더니 자네가 소식을 알려 주었지. 평소에 자네는 말들을 거의 분간도 못 했었지. 그래서 자네가 귀여운 점박이 말한테 신경을 썼다는 것을 알게 되었네. 나 때문에 그랬을 거라고 짐작하고 무척 기뻤다네. 이제 정말 그랬다는 것을, 자네가 정말로 나를 사랑했다는 것을 알게 되었네. 나 역시 자네를 사랑했지. 나르치스, 내 인생의 절반은 자네한테 잘 보이려고 했던 일들이었네. 자네도 나를 좋아한다는 것을 알고는 있었지만, 자네가 나한테 말하리라고는 한 번도 기대한 적이 없었다네. 자네는 자존심이 강한 사람이니까. 그런데 이제 자네는 나를 사랑했다고 말했네. 나한테 이제 더 이상 아무것도 남아 있지 않은 바로 이 순간에, 방랑도 자유도, 세상도 여자들도 모두 나를 곤경에 빠지게 한 바로 이 순간에 말일세. 자네의 말을 받아들이겠네. 고맙네."

진정한 우정을 찾아라

학창 시절에 만났던 친구들과는 많은 세월이 흐른 뒤에도 변치 않는 우정으로 남는다. 그런데 어른이 되어서 직장, 동호회, SNS 등에서 만난 사람들과 진정한 우정을 맺기는 쉽지가 않다. 그 이유는 우리가 지나치게 바쁘고, 복잡하고, 산만한 삶을 살고 있기 때문이다. 우리의 마음은 진정한 친구를 사귈 만큼의 여유가 없다. 하지만 세상을 살다 보면 나를 나보다 더 잘 아는, 혼자보다는 함께하는 것이 훨씬 나은 그런 친구가 필요하다.

한 번도 만난 적이 없지만, 왠지 처음부터 친밀감이 느껴지는 사람이라면 우정이라는 인연을 맺어 보는 게 어떨까. 『지란지교를 꿈꾸며』에서 유안진 시인은 진정한 친구란 저녁을 먹고 나서 허물없이 찾아가 차 한 잔을 마시고 싶다고 말할 수 있는 친구라고 말한다.

삶의 중요한 시점에 힘이 되는 친구가 곁에 있다는 것은 그 자체로 즐거운 일이다. 잘 나갈 때는 어려운 친구에게 도움이 될 수 있어서 즐겁고, 곤경에 처했을 때는 친구의 무거운 고통의 짐을 함께 나누어질 수 있기 때문이다.

아리스토텔레스는 친구를 '제2의 자아'라고 말한다. 아무리 행복하더라도 그것을 함께 공유할 수 있는 친구가 없다면 외로운 존재가 아닐 수 없다. 내 삶이 외로울 때 외면하지 않고 지탱해 주는 사람, 내가 더 이상 꿈을 믿지 않을 때 그 꿈의 문을 닫지 말라고 말해 주는 사람, 아무것도 뜻대로 되지 않을 때 마음을 편히 가지라고 말해 주는 사람, 그가 바로 우리의 진정한 친구다.

관계

관계를 말할 때
우리가 이야기하는 것들

레이먼드 카버 『대성당』

『대성당』은 단편작가로서 절정기에 올라 있던 레이먼드 카버 Raymond Carver의 문학적 성과가 고스란히 담겨 있는 대표작이다. 그중 한 단편이 「대성당」이다.

화자인 '나'는 아내의 오랜 친구인 앞을 볼 수 없는 맹인 로버트가 하룻밤을 묵기 위해 찾아온다는 이야기를 듣는다. 10년 전 아내는 로버트에게 사례연구, 보고서 같은 것들을 읽어 주는 일을 했었다. 아내는 그 일을 그만둔 이후로도 지금까지 로버트와 서로 말을 녹음한 테이프를 우편으로 주고받으며 친밀한 관계를 유지해 오고 있었다. 로버트는 아내의 후임이었던 뷰라라는 이름의 여성과 결혼했지만, 뷰라가 암으로 사망하고 로버트는 혼자 살고 있었다.

앞을 못 보는 사람을 내가 개인적으로 알거나 만나본 적은 한 번도 없었다. 그 맹인은 건장한 체격에 머리는 벗어지고 등에 짐이라도 짊어진 것처럼 어깨가 구부정한 사십대 후반의 남자였다. 그는 갈색 슬랙스에 갈색 신발, 밝은 갈색 셔츠, 넥타이, 스포츠 재킷을 입고 있었다. 멀끔멀끔, 또는 예의 그 덥수룩한 턱수염도 있었다. 하지만 그는 지팡이를 사용하지도 않았고 검은 안경을 쓰지도 않았다. 나는 항상 맹인들에게 검은 안경은 필수품이라고 생각했다.

드디어 도착한 로버트를 보면서 그는 로버트가 다른 맹인들과 달리 지팡이나 검은 안경을 사용하지 않는다는 것과 덥수룩한 턱수염까지 기른 모습을 보고 '맹인에다가 턱수염이라니! 어이쿠, 맙소사'라고 생각했다. 로버트와 아내가 저녁 식사를 하면서 지나온 과거의 이야기를 나누며 즐거워할 때, 중간에서 불편했던 그는 TV를 켰다. 잘 모르는 로버트의 갑작스러운 방문이 달갑지 않았던 것이다. 또한 눈까지 먼 로버트와 아내가 아주 가까운 사이라는 사실에 질투심을 느꼈다.

그가 로버트에게 느끼는 감정은 경멸, 혐오, 비하, 질투와 같은 부정적인 것들이었다. 옷을 갈아입고 내려온 아내가 피곤한지 입을 벌린 채 소파에 머리를 기대고 잠이 들자 그와 친해지고 싶었던 로버트가 먼저 마음을 열고 다가섰다.

"아직, 자네와 좀 더 함께 있고 싶어. 젊은 양반. 괜찮다면 말이야. 자네가 잠자리에 들 때까지 나도 깨어 있겠네. 우리는 서로 얘기할 기회가 없었어. 무슨 소린지 알겠나? 이 사람과 내가 오늘 저녁을 세낸 것 같단 말일세."

서로의 벽을 허무는 공감의 힘

사실 우리는 단순히 서로 대화를 나눔으로써 타자와의 벽을 허물고 진정한 만남이 될 수 있다고 생각한다. 하지만 사실은 그 반대다. 먼저 타자와 생각이 교차하는 지점을 경험할 수 없다면 진정한 대화와 소통은 이루어질 수 없다. 다시 말해 공감하려면 먼저 소통하려는 의지가 있고, 그 의지를 상대방에게 인식시켜야 한다.

우리는 타인을 만날 때, 스스로가 만든 틀에 따라 상대방을 이해한다. 다시 말하면 내가 생각하는 상대방과 상대방이 생각하는 내가 만나는 것이다. 서로 친밀해지려면 생각이나 감정에서 상대방과의 교차점을 찾는 노력이 필요하다. 그 교차점이 바로 '공감'이다. 공감은 만남의 온도를 높이는 방법이다. 공감은 상대방의 생각과 경험을 진지하게 받아들이는 것이며, 상대방과 하나가 되었다고 느끼는 감정이다.

로버트가 그에게 말을 건넸을 때 TV에서는 유럽 여러 나라의 교회와 중세의 대성당을 보여 주는 프로그램이 방영되고 있었다. 그는 로버트에게 대성당이 어떻게 생겼는지 아느냐고 물었다. 로버트는 솔직히 대성당에 감이 없다고 말하면서 그에게 설명해 줄 수 있느냐고 물었다. 그는 TV 화면의 대성당을 뚫어지게 쳐다보면서 로버트에게 대성당을 설명하려고 했다. 그러나 말로는 대성당을 제대로 설명할 수 없음에 한계를 느꼈다. 그러자 로버트는 그에게 부탁했다.

"그런데 말이야, 내 부탁 좀 들어주겠나? 좋은 생각이 났어. 좀 두꺼운 종이를 가져오겠나? 펜이랑. 우리 뭘 좀 해야겠네. 같이 하나 그려보자고. 펜하고 좀 두꺼운 종이만 있으면 된다네. 자, 이 사람아, 어서 가져오게나."

그가 쇼핑백 종이와 펜을 가져오자 로버트는 그의 펜을 쥔 손에 자신의 손을 얹었다. 그러고는 그에게 대성당을 그려보라고 했다. 로버트는 그의 손을 따라 움직이며 대성당의 모습을 이해하려 했다. 둘은 지금 대성당을 함께 그리면서 둘만의 대성당을 만들고 있었다. 로버트는 그에게 대성당에 사람이 없는 게 말이 안 된다면서 사람들을 그려보라고 한 후, 그에게 이제 눈을 감고 그려보라고 말한다. 눈을 감은 그는 자신의 손 위에서 맹인의 손가락이 자신의 손가락을 타고 있음을 느꼈고, 살아오는 동안, 단 한 번도 겪어 보지 못한 경험을 하고 있었다.

로버트가 이제는 다 된 것 같다고 그에게 눈을 뜨고 그림을 한번 보라고 했다. 하지만 그는 눈을 뜨지 않았다. 마땅히 조금만 더 그렇게 눈을 감은 채로 있어야 한다고 생각했다. 그는 여전히 눈을 감은 채 "이거 진짜 대단하군요."라고 말했다. 그는 함께 그린 대성당을 상상을 통해 보면서 맹인과 가까운 관계가 되었다. 또한 로버트와 마찬가지로 이제 눈으로만 보아 왔던 세계를 떠나, 저 너머 눈에 보이지 않는, 오롯이 마음의 눈으로만 볼 수 있는 세계가 있다는 사실을 깨달았다.

공감이란 상상력을 통해 타인의 몸속으로 들어가 타인이 처한 상황과 감정을 느낄 수 있는 것을 말한다. 따라서 공감은 상상력이 바탕이 되어야 한다. 상상력에 힘입어 타인의 입장을 공감할 때, 그 둘의 관계는 더욱 두터워진다.

공감은 감정이나 낭만에 흔들리지 않는다. 공감은 타인에 대한 편견과 고정관념이라는 경계를 벗어나 친밀한 관계로 이끄는 힘이다. 누군가에게 공감한다는 것은 지금 눈앞에 있는 결함투성이의 한 인간을 사랑하는 것을 의미한다. 공감은 진실한 마음으로 그렇게 할 때, 변화의 힘이 생긴다. 나와 타자 사이에 기쁨이나 친밀감이 오가는 마법 같은 관계가 바로 공감이다.

"멋지군.", "끝내줘. 정말 잘하고 있어.", "자네 인생에 이런 일을 하리라고는 한 번도 생각해 보지 못했겠지. 그렇지 않나, 이 사람아? 그러기에 삶이란 희한한 걸세. 잘 알다시피. 계속해. 멈추지 말고."

그가 그림을 다 그리자 로버트가 그의 손을 따라 그림을 더듬어 가며 그가 그린 대성당의 모습을 이해하고 잘 그렸다며 칭찬했다. 만남에서 칭찬과 인정이 불러일으키는 효과란 인간관계에 전반적인 변화를 일으킨다. 타인의 노력을 인정함으로써 그 관계는 더욱 풍요로워지고 깊어진다. 이것이 바로 공감과 인정이 만남에 끼치는 긍정적 효과다.

사실 우리는 타자와 인생이라는 배를 타고 함께 여행 중이다. 공감은 함께 여행하는 타자의 지독한 외로움을 덜어 줄 수 있다. 인생이 필연적으로 타인과 상호 의존적 관계일 수밖에 없음을 깨닫는다면, 공감은 나와 타자 사이의 문턱을 넘어서기 위한 가장 좋은 방법이다. 타자가 무엇을 생각하든, 무엇을 느끼든, 함께 나눌 수 있는 방식이므로 공감의 힘은 강력하다. 다만 천천히 그리고 스미듯이 다가가는 태도가 필요하다.

공감은 타자의 마음을 모방하는 것

처음 만나 어색한 사이일 때 공유할 수 있는 것들을 찾아 솔직하게 대화하고 공감한다면, 나와 타자 둘 모두의 삶을 변화시킬 수 있는 계기가 된다. 다시 말해 공감은 타자의 진정한 모습이 무엇인지 깨닫는 것이다. 또한 타자와 공감하는 과정에서 자신의 내면도 깊이 바라보게 된다. 타자에게 공감하다가 억압되고 박탈당했던 자신의 상처와 마주하게 된다.

따라서 공감은 '미러링 효과$^{mirrorig\ effect}$'의 또 다른 측면으로 작용한다. 미러링 효과란 무의식적으로 자신이 호감을 느끼는 사람의 언어나 동작을 거울 속에 비친 것처럼 똑같이 따라 하는 행위를 말한다.

공감은 타자의 마음을 모방하는 것이다. 상대의 말투, 표정, 몸짓이나 손짓을 따라 하면서 공감을 형성하는 것이다. 특별히 우리는 사랑에 빠져 있을 때나 누군가를 좋아할 때 서로 많이 닮아간다. 공감은 나와 타자의 마음의 문제를 해결하는 열쇠로, 서로 마음이 통한다고 느끼게 한다.

우리는 자신의 삶을 스스로 이끌어가고 싶어 한다. 다시 말해 타인에게 의존하지 않고 자신의 의지로 살고자 한다. 하지만 사람은 혼자 살아갈 수 없으며 혼자일 수도 없다. 어떤 방식으로든 타인과 영향을 주고받으며 살아간다. 특히 '나'라는 존재는 타자와의 관계 속에서 그 의미가 있을 뿐이다. 우리가 타인과 맺는 관계는 내가 타인을 어떻게 바라보는지, 타인이 나를 어떻게 바라보는지에 달려 있다. 누군가와 진정한 만남을 이야기할 때 '공감'을 빼놓을 수 없는 이유다.

무엇이 우리에게
행복을 안겨 주는가

❦

　인간은 누구나 앞으로 무슨 일을 겪을지 알 수 없기에, 순간순간 불안한 삶을 이어 간다. 하루하루 성장하기 위해 넘어야 할 수많은 삶의 계단들이 각자에게 주어져 있다. 결국 이러한 불안정한 변화의 시기를 어떻게 보내느냐에 따라 삶의 방향은 엄청나게 달라진다.

　인간은 세상의 슬픔 바로 옆에서 그리고 흔히 자신의 화산 지대 위에 행복이라는 작은 정원들을 건설해 왔다. 현존에 대한 인식만을 원하는 시선으로 삶을 관찰하거나 또는 굴복하고 체념한 사람의 시선으로 보거나, 극복된 어려움을 기뻐하는 시선으로 보거나 간에 그는 도처에서 모든 행복이 재앙

곁에서 싹텄다는 것을 발견하게 될 것이다.

독일의 철학자 프리드리히 니체가 『인간적인 너무나 인간적인』
에서 남긴 말이다. 니체는 인간의 모든 행복은 세상의 슬픔과 화산
처럼 분출하는 온갖 재앙과 함께 존재한다고 말한다.

니체의 말처럼 우리의 인생은 양면성을 갖는다. 삶과 죽음, 만남
과 이별, 기쁨과 슬픔, 사랑과 증오, 희망과 절망, 성공과 실패 등 바
람직한 모습과 그렇지 않은 모습으로 이루어져 있다. 삶 뒤에 언제
나 죽음이 오고, 만남 후에는 이별이 찾아오며, 기쁨과 슬픔 또는 희
망과 절망이라는 감정들이 밀물과 썰물처럼 일어난다. 그래서 이러
한 변화의 시기들이 우리 인생에 주는 의미를 깨달아야 한다. 그래
야 모든 사람이 원하는 진정한 행복과 깨달음을 얻을 수 있다. 삶이
늘 아름답지만은 않을지라도, 행복이라는 자신만의 작은 정원을 만
든다면 살 만한 가치가 있다. 그렇다면 우리는 이러한 인생의 전환
점을 맞이하여 어떻게 해야 내면적으로 성장할 수 있을까?

그 답은 바로 '고전 문학'에 있다. 나는 고전 문학에서 우리가 처
한 삶의 모습들에 대한 해답을 찾으려고 했다. 왜 고전 문학을 읽어

야 하는가.

첫째, 고전 문학은 타임머신처럼 과거 속으로 여행할 수 있다. 고전 문학은 그 작가의 삶과 인생관이 그대로 녹아 있다. 그래서 작가와 작가가 만들어 낸 등장인물들과 소통할 수 있다.

둘째, 고전 문학은 우리에게 다양한 간접경험과 창의성을 제공한다. 우리는 작품 속 등장인물들의 다양한 삶의 모습을 통해 지금까지 경험하지 못했던 풍부한 경험을 할 수 있다. 한마디로 '우리는 고전 문학 속에서 삶에 대한 태도를 배운다'고 할 수 있다. 진정한 사랑은 어떻게 해야 하는가, 바람직한 인간관계는 어떻게 맺어야 하는가, 삶과 죽음을 어떻게 바라봐야 하는가를 고전 문학을 통해 배울 수 있다. 이러한 여러 간접경험을 통해 고전 문학 속에서 새로운 무언가를 발견한다. 이것은 고전을 읽는 사람이 창의적일 수밖에 없는 이유이기도 하다.

셋째, 고전 문학 속에서 우리는 자신 안에 존재하는 또 다른 모습을 발견할 수 있다. 우리는 작품 속 주인공들의 말과 행동을 통해서 자신의 무의식 속에 있던 여러 감정과 맞닥뜨린다. 감정이입을 통

해 그 작품 속 등장인물들이 자신과 같은 감정을 지니고 있다는 점
을 발견한다. 주인공이 아무리 훌륭한 왕이나 위인일지라도, 고난에
처하면 고통스러워하고, 사랑하는 사람을 잃었을 때는 죽음을 선택
할 만큼 슬픔에 잠긴다. 이러한 모습을 보면서 결국 나와 타자 사이
에 차이점이 없다는 사실을 깨닫는다. 인간은 어느 곳에 있든지, 어
떠한 삶의 방식으로 살든지 간에 똑같은 존재라는 사실에 우리는 위
안을 받는다.

　넷째, 고전 문학에서 우리는 어떻게 힘든 삶을 극복할 수 있는가
를 배울 수 있다. 주인공들이 삶의 고난을 꿋꿋이 이겨내는 모습을
보면서, 우리도 그와 같은 상황에 놓일 때 벗어날 수 있는 지혜와 용
기를 얻을 수 있다.

　다섯째, 고전 문학은 우리에게 재미와 감동을 선사한다. 희극적
인 결말은 우리에게 웃음과 재미를 준다. 반면에 비극적인 결말은
우리에게 눈물을 선사하며 카타르시스를 느끼게 한다. 특히 후자의
경우에는 불행한 삶 속에 놓인 비극의 주인공들이 어떻게 자신의 운
명을 받아 들였는지, 또는 어떠한 내면의 힘을 발휘해 승리로 이끌
었는지 보여 준다.

본문에 언급한 짤막 짤막한 고전들을 맛본 독자들은 이제 조금씩 갈증이 느껴질 것이다. 우리가 평생 다 읽어 보지도 못할 방대한 고전 문학들 중 28편, 게다가 문학 작품 중 몇 페이지에 불과한 문장들 속에 이렇게 다양한 삶의 의미들이 내재한다는 것이 새삼 놀라울 수도 있다. 여기에 인용한 고전 문학들은 그저 시작에 불과하다. 이보다 더 다채로운 문학들이 우리 곁에서 지침을 주고 감동과 희열을 주며 우리 인생을 든든하게 받쳐 줄 것이다.

이제 직접 고전 문학의 세계로 들어가 보길 바란다. 그 안에 자신이 품고 있던 질문에 대한 답을 찾을 수 있을 것이다.

너의 인생을 결정하는,
네 안에 있는 것은 그걸 벌써 알고 있어.
이걸 알아야 할 것 같아.
우리 속에는 모든 것을 알고,
모든 것을 하고자 하고,
모든 것을 우리 자신보다 더 잘 해내는
어떤 사람이 있다는 것을 말이야.

〈데미안〉 중에서

참고 문헌

B. 스피노자, 『에티카/정치론』 추영현 옮김, 동서문화사, 2008.

F. 스콧 피츠제럴드, 『위대한 개츠비』 김욱동 옮김, 민음사, 2010.

게오르그 빌헬름 프리드리히 헤겔, 『법철학』 임석진 옮김, 한길, 2008.

기 드 모파상, 『여자의 일생』 이동렬 옮김, 민음사, 2014.

노자, 『도덕경』 오강남 엮음, 현암사, 1995.

니코스 카잔차키스, 『그리스인 조르바』 이윤기 옮김, 열린책들, 2009.

니코스 카잔차키스, 『영혼의 자서전 하』 안정효 옮김, 열린책들, 2009.

다비드 르 브르통, 『걷기예찬』 김화영 옮김, 현대문학, 2002.

다치바나 다카시, 『다치바나 다카시의 서재』 박성관 옮김, 문학동네, 2017.

라르스 스벤젠, 『외로움의 철학』 이세진 옮김, 청미, 2019.

라이너 마리아 릴케, 『말테의 수기』 문현미 옮김, 민음사, 2005.

라이먼 프랭크 바움, 『오즈의 마법사 1』 손인혜 옮김, 더스토리, 2019.

레이먼드 카버, 『대성당』 김연수 옮김, 문학동네, 2014.

레프 니콜라예비치 톨스토이, 『사람은 무엇으로 사는가』 이순영 옮김, 문예출판사, 2015.

레프 니콜라예비치 톨스토이, 『톨스토이 고백록』 박문재 옮김, 현대지성, 2018.

레프 니콜라예비치 톨스토이, 『인생이란 무엇인가 2 사랑』 김근식 옮김, 동서문화사, 2020.

레프 니콜라예비치 톨스토이, 『인생이란 무엇인가 3 행복』 김근식 옮김, 동서문화사, 2020.

론 마라스코, 브라이언 셔프, 『슬픔의 위안』 김설인 옮김, 현암사, 2019.

롤랑 바르트, 『사랑의 단상』 김희영 옮김, 동문선, 2004.

루이스 L. 헤이, 『미러』, 김태훈 옮김, 센시오, 2019.

리처드 바크, 『갈매기의 꿈』, 공경희 옮김, 나무옆의자, 2018.

마르쿠스 아우렐리우스 외, 『그리스로마 에세이』, 천병희 옮김, 도서출판 숲, 2011.

마르쿠스 아우렐리우스, 『명상록』, 천병희 옮김, 도서출판 숲, 2005.

마르틴 부버, 『나와 너』, 김천배 옮김, 대한기독교서회, 2020.

모리스 블랑쇼, 『기다림 망각』, 박준상 옮김, 그린비, 2009.

미하이 칙센트미하이, 『몰입』, 최인수 옮김, 한울림, 2004.

버트런드 러셀, 『행복의 정복』, 이순희 옮김, 사회평론, 2005.

보에티우스, 『철학의 위안』, 박문재 옮김, 현대지성, 2018.

빅터 프랭클, 『빅터 프랭클의 죽음의 수용소에서』, 이시형 옮김, 청아출판사,
2020.

빅터 프랭클, 『삶의 의미를 찾아서』, 이시형 옮김, 청아출판사, 2005.

사뮈엘 베케트, 『고도를 기다리며』, 오증자 옮김, 민음사, 2000.

서머싯 몸, 『달과 6펜스』, 송무 옮김, 민음사, 2000.

쇠렌 키르케고르, 『죽음에 이르는 병』, 임규정 옮김, 한길사, 2007.

스탕달, 『연애론』, 김현태 옮김, 집문당, 2014.

아르투르 쇼펜하우어, 『쇼펜하우어 문장론』, 김욱 옮김, 지훈, 2019.

아르투르 쇼펜하우어, 『쇼펜하우어 인생론』, 김재혁 옮김, 육문사, 2012.

아르투르 쇼펜하우어, 『쇼펜하우어의 행복론과 인생론』, 홍성광 옮김, 을유문화사,
2013.

아리스토텔레스 외, 『시학』, 천병희 옮김, 문예출판사, 2002.

아리스토텔레스, 『니코마코스 윤리학』, 천병희 옮김, 도서출판 숲, 2013.

아리스토텔레스, 『아리스토텔레스 수사학』, 박문재 옮김, 현대지성, 2020.

안네 프랑크, 『안네의 일기』, 홍경호 옮김, 문학사상사, 1995.

안토니오 스카르메타, 『네루다의 우편배달부』, 우석균 옮김, 민음사, 2004.

알랭 드 보통 외, 『알랭 드 보통의 영혼의 미술관』, 김한영 옮김, 문학동네, 2018.

알랭 드 보통, 『여행의 기술』, 정영목 옮김, 청미래, 2011.

알랭 바디우, 『사랑 예찬』, 조재룡 옮김, 길(도서출판), 2010.

알랭 바디우, 『참된 삶』, 박성훈 옮김, 글항아리, 2018.

알랭, 『행복론/인간론/말의 예지』, 방곤 옮김, 동서문화사, 2019.

알베르토 망겔, 『독서의 역사』, 정명진 옮김, 세종서적, 2020.

앙드레 지드, 『좁은 문/전원교향곡/배덕자』, 동성식 옮김, 민음사, 2015.

앙드레 지드, 『지상의 양식』, 김화영 옮김, 민음사, 2007.

앙투안 드 생텍쥐페리, 『어린 왕자』, 전성자 옮김, 문예출판사, 2020.

앙투안 드 생텍쥐페리, 『인간의 대지』, 허희정 옮김, 펭귄클래식코리아, 2009.

앤서니 스토, 『고독의 위로』, 이순영 옮김, 책읽는수요일, 2011.

어니스트 헤밍웨이, 『노인과 바다』, 김욱동 옮김, 민음사, 2012.

에리히 프롬, 『사랑의 기술』, 황문수 옮김, 문예출판사, 2019.

에크하르트 톨레, 『지금 이 순간을 살아라』, 노혜숙, 유영일 옮김, 양문, 2008.

에픽테토스, 『왕보다 더 자유로운 삶』, 김재홍 옮김, 서광사, 2013.

오 헨리, 『오 헨리 단편선』, 김희용 옮김, 민음사, 2017.

요한 볼프강 폰 괴테, 『젊은 베르테르의 슬픔』, 박찬기 옮김, 민음사, 1999.

요한 볼프강 폰 괴테, 『파우스트 1, 2』, 정서웅 옮김, 민음사, 1999.

움베르토 에코, 장 클로드 카리에르, 『책의 우주』, 임호경 옮김, 열린책들, 2011.

유안진, 『지란지교를 꿈꾸며』, 아침책상, 2014.

이탈로 칼비노, 『왜 고전을 읽는가』, 이소연 옮김, 민음사, 2008.

장 자크 루소, 『고독한 산책자의 몽상』, 김중현 옮김, 한길사, 2007.

장 폴 사르트르, 『구토』, 임호경 옮김, 문예출판사, 2020.

장 폴 사르트르, 『말』, 정명환 옮김, 민음사, 2008.

장 폴 사르트르, 『실존주의란 무엇인가』, 이희영 옮김, 동서문화사, 2017.

칼릴 지브란, 『예언자』, 강은교 옮김, 문예출판사, 2000.

파울로 코엘료, 『연금술사』, 최정수 옮김, 문학동네, 2001.

페르난도 페소아, 『불안의 책』, 오진영 옮김, 문학동네, 2019.

프란츠 카프카, 『변신·시골의사』, 전영애 옮김, 민음사, 1998.

프랑수아즈 사강, 『브람스를 좋아하세요...』, 김남주 옮김, 민음사, 2008.

프리드리히 니체, 『인간적인 너무나 인간적인 1』, 김미기 옮김, 책세상, 2001.

프리드리히 니체, 『차라투스트라는 이렇게 말했다』, 정동호 옮김, 책세상, 2000.

헤르만 헤세, 『나르치스와 골드문트』, 임홍배 옮김, 민음사, 2002.

헤르만 헤세, 『데미안』, 전영애 옮김, 민음사, 2000.

헤르만 헤세, 『싯다르타』, 박병덕 옮김, 민음사, 2002.

헤르만 헤세, 『헤르만 헤세의 독서의 기술』, 김지선 옮김, 뜨인돌, 2006.

헨리 데이비드 소로우, 『월든』, 홍지수 옮김, 펭귄클래식코리아, 2014.

인생은 충분히 좋지 않을 수도 있다.
그러나 좋은 인생은 충분히 길다.
벤저민 프랭클린

인생에서 원하는 것을 얻기 위한
첫 번째 단계는 내가 무엇을 원하는지 결정하는 것이다.

벤 스타인

사람은 누구나 자신의 시야의 한계를
세계의 한계로 간주한다.
쇼펜하우어

인간에게 사과나무나 떡갈나무처럼 빨리 성숙하는 것은 중요하지 않다.
봄을 서둘러 여름으로 만들 수는 없지 않은가?
우리가 재능을 발휘할 여건이 성숙하지 않았다면
그것을 대체할 현실은 무언인가?
자포자기하고 보잘것없는 현실에 매달려서는 안 된다.
헨리 데이비드 소로